ASAHI SENSHO
朝日選書
833

# 新聞記者
## 疋田桂一郎とその仕事

柴田鉄治・外岡秀俊 編



朝日新聞社

# 新聞記者　疋田桂一郎とその仕事◆目次

本書の疋田桂一郎記者による記事は、「天声人語」など書籍化されているものを除き、新聞掲載時のまま収録している。「自衛隊」などの連載記事については、その第一回分だけを収録している。

# 新聞記者
## 疋田桂一郎とその仕事

柴田鉄治・外岡秀俊 編

# 序にかえて

朝日新聞前ゼネラルエディター　外岡秀俊

新聞社には、代々使われてきた業界用語がある。「飯場」がその代表例だろう。大きな事件が起きた場合や、長期の企画記事に取り組む際に、練達の記者をキャップとして取材班が編成される。土木現場の合宿所と同じく、ほぼ毎日同じ釜の飯を食べ、協同で作業をするところから、こうした取材班は「飯場」と呼ばれるようになった。仕事が終われば飯場はそのつど畳まれ、二度と同じ顔ぶれで作業をすることはない。けれど艱苦をともにした仲間は、その後も折に触れてキャップを囲んで集まり、思い出話に花を咲かせる。

大きな橋梁や建築物を見て、その「作業飯場」に思いを馳せるのは当事者だけだろう。新聞もそれに似て、現場で日々の紙面を支えているのは大小無数の飯場であり、その記憶は記者たちとともに消える。

こうした飯場は、キャップの名を冠して呼ばれるのが通例だった。たとえば疋田桂一郎記者率いる取材班が、そのつど「疋田飯場」と呼ばれたように。

本書の目次をご覧いただければ明らかなように、疋田記者は個人として多くの優れたルポルタージュや現場報告を書いただけでなく、「疋田飯場」を率いて「自衛隊」や「NHK」、「核軍縮」や「NASA」など、内外における戦後の大きなテーマに取り組んだ。こうした長期連載は、いってみれば戦後の朝日新聞の脊梁山脈にあたる。その連載のスタイルは、「自衛隊」をめぐる一文でもお分かりの通り、膨大な細部の事実を部品のように精緻に組み立てて、壮大な全体像に迫る手法であり、当時は画期的な試みだった。ある先輩記者は、「疋田記者が戦後の朝日新聞の文体をつくった」とまでいう。そうした言葉を聞けば、泉下の疋田記者は一笑に付すのみだろうが、「疋田飯場」に出入りした多くの記者が、戦後の朝日新聞製作に、ある一定した品質と気風を与えてきたという評価は、事実とはそう遠くないだろう。疋田記者が現役時代に率いた最後の飯場は、1984年から87年まで、日曜版に124回にわたって連載した『世界名画の旅』だった。その取材班の末席を汚した新米記者として、当時見聞きした疋田記者の人となりをお伝えし、本書の序にかえたいと思う。

## 楷書の人

疋田記者の名前を初めて耳にしたのは、私が二つ目の地方支局の横浜に勤務していた1981年、当時の足立公一郎支局長からだった。この人の口癖は、「新聞記者は車夫馬丁の類」というもので、今聞けば差別発言とも受け取られかねないが、この口癖が出るのはきまって、「偉そうにするな」と若い記者の高腰をたしなめる場面だった。

洒脱で勇み肌の足立支局長は、べらんめい口調で権威をこきおろし、人を褒めるときもわざと伝法な口でからかい気味だった。その人があるとき、妙に真面目な顔になって、「あの記者はすごい。あんな人は見たことがない」と語り始めた。話はこうである。

「その記者がある日、豚の出産を取材した。帰ってきて『きみ、豚が産まれるとき、なんて鳴くと思いますか』と聞くんだ。『ブウッて鳴くんじゃないか』と答えたら、『そうなんです。ブウッて鳴くんです』と、感に堪えない顔でいうんだな。あれには驚いたよ」

またいつもの冗談かと笑いかけたが、足立支局長の真顔をみて、こちらも居住まいを正した。いま思えば、足立支局長がいいたかったのは、「ジャーナリストの落とし穴は、半可通になることだ。自分の目で見、自分の耳で聞くまでは決して予断をもつな」ということだったろう。ベテランになるほど、記者は経験で物事を判断し、好奇心や探究心を失っていく。熟練になっても、まず現場に行って事実を確かめるという初心を貫くのは、想像以上に難しいことだ。ジャーナリストは「職業としての野次馬」だろう。野次馬になるのはやさしいが、野次馬であり続けるのは日に日に困難になる。

その日、足立支局長が口にしたのが、当時五十台半ばを過ぎ、戦後の朝日きっての名文章家とうたわれた疋田記者の名だった。

数年後のとある日、東京本社の学芸部家庭班で料理やファッションの取材をしていた私は、調査部長になった足立記者に呼ばれ、「疋田飯場」に加わるようにいわれた。「面接試験」は、築地本社別館の喫茶店だった。

「この記者の取り柄は、一所懸命ということかな」

足立記者は、疋田記者に私をそう紹介した。足立記者は、夏の高校野球大会で全国優勝した横浜高校チームが帰還パレードをした際、横浜駅頭で車列が興奮した群集に囲まれて立ち往生したときに、担当記者だった私がいかに群集を押し戻して車列に道を開いたかを身振り手振りをまじえて説明した。

「そう。じゃあ、明日から加わってください」

どうやら私は、群集警備の奮闘ぶりをかわれて疋田飯場に採用されたらしかった。

「そうか。それはよかった。とにかく、原稿が通ればそれでいい。後は何も考えるな」

疋田飯場に加わることを知った先輩は、口々にそう忠告してくれた。当時一年をかけて準備してきた『世界名画の旅』は、あと数か月で連載開始の手筈なのに、採用された原稿はまだ数本しかなかった。疋田記者の要求する水準が高すぎて、何度書き直しても通らないという。当時はまだ珍しかった数か月の海外取材が無駄に終わることなど、疋田記者の眼中にはなかった。ボツなものはボツ。書かれた記事のよしあしだけが判断基準だった。

取材班にあとの余裕がなく、私が新米だったためか、疋田記者は手取り足取り、取材の基本を叩き込んでくださった。

○海外取材では、多くの成果は期待できない。日程に限りがあり、言葉の壁もある。十のことを書こうと思えば、八はあらかじめ準備しておく必要がある。

○取材に行く前に、あらかじめ仮説を立てておく。仮説がひっくり返されれば、それが発見であり、驚きになる。仮説がなければ、取材は散漫になり、焦点は定まらない。

○メモはルーズリーフの片面に取り、余白を多く残す。片面にのみ書くのは、あとでメモを並べ替えて、原稿の構成を考えるためだ。余白には、取材後に調べたこと、思いついたことを書き込む。
○取材メモとは別に、旅行中、日記をつける。取材メモには、取材相手の話しか書かれていない。当時の感動や印象を再現するには、その手がかりが必要だ。
○長い記事には、骨格がなければならない。洋服箪笥に、色とりどりの服を吊るすには、ハンガーを掛ける鉄の横棒が必要だ。色、音、匂い、味わい。表現は多彩でなければいけないが、そうした豊かな言葉を吊るすには横棒、つまりテーマや論理がしっかり通っていなくてはならない。
○記事を書く場合に、読者にとって未知のことは二割でいい。八割のことが既知であれば、読者は楽々と道行きを楽しみ、自分の記憶を確かめながら文章を味わえる。二割の驚きがあれば、満足感が得られる。これが逆だと、読者はせっかくの発見も味わうことなく、読むのをやめてしまう。
　こうした「講義」のあと、私は五本分の記事のコンテづくりを命じられ、疋田記者に提出した。『名画の旅』は二ページにわたって一つの絵画をめぐる旅を描くことになっていた。その回ごとにフロント面に載せる絵の候補と写真、書き出しの要点、次の面には三つの区切りで何を話題にするのか、予定を書き込んだ。むろん、海外取材に出かける前で、ほとんどは想像にすぎない。しかし、この事前作業は取材テーマを明確にし、「仮説」を立てるうえで欠かせなかった。

　一か月半にわたる取材を終えて帰国し、原稿を書いた。当時はまだワープロも使わず、手書きで何度も書き直し、浄書したうえでコピーを疋田記者に提出した。一本目の原稿は、１９２０年代のパリで多くの画家のモデルを務めたキキという名の女性をめぐる話だった。書き出しは、キキが田舎からモンパルナスの地下鉄駅に降り立ち、大都会に歩み出る場面だった。生原稿を前にして、コピー原稿を手元にした疋田記者に対座した。緊張から喉が渇き、首筋に汗がにじんだ。

「この年、モンパルナスに地下鉄は通っていましたっけ」

開口一番、疋田記者が冒頭の一文についてそう尋ねた。頭が真っ白になった。この場面が崩れれば、フロント面の挿話はすべて台無しになり、次のページの展開もドミノ倒しで崩れてしまう。つまりはボツだ。しどろもどろになり、汗が吹き出た。

「この位置関係だと、路上に立つロダンのバルザック像はどう見えましたか」

「パリでは朝方、レストランで牡蠣の殻の山をごみに出すのか。いつも疑問に思っていました。あのごみをどうするのか、って」

疋田記者はコピー原稿に鉛筆でメモを書き込み、それをもとに質問を続けた。

「この読点の場所、こちらの位置の方がよくはありませんか」

三十近くも年の差がある新米に対し、疋田記者は先輩同輩相手と同じ口調を崩さなかった。楷書の人である。

指摘の多くは事実関係の確認で、文章については句読点の位置にかかわる疑問が大半だった。情報に人格というものがあるとするなら、その出処進退には自他ともに対して苛烈なほど厳しく、そのうけとめかたや表現の幅に対しては驚くほど寛容だった。言葉の選び方や表現の癖について干渉せず、むしろ自分のスタイルからの逸脱や違いを面白がった。

「じゃあ、モンパルナスの地下鉄の件が確認できたら、三週後に掲載しましょう」

疋田記者はそういって、原稿コピーを返してくださった。それが、二年半にわたる疋田飯場への入門許可になった。

## 反権威の人

誰に対しても丁寧で、洗練された都会人。けっして感情を剝き出しにせず、静かで理知的な快活さにあふれた人。笑いを絶やさず、機知とユーモアのセンスが鋭く、幅広い人。その疋田記者が、穏和な外見からは想像できない感情のマグマを抱えた人であることに気づいたことが、何度かあった。

その第一は、原稿を書いているときだ。疋田記者は取材班のキャップを務めながら、ピカソやレンブラント、中国の絵画などについて自らも取材し、節目の記事を書いた。その準備ぶりは徹底していた。ピカソの「ゲルニカ」を書く場合に、書棚はスペイン市民戦争の関連書で埋まり、中国の絵画を書く場合には、中国の歴史書や関連書籍にそっくり入れ替わった。おそらくは、そのつど、専門家顔負けの知識を仕入れ、取材相手と対等に会話を交わし、のち知識をすっかり捨て去り素人の立場に戻って原稿を書いたのだろう。その様子は、体力知力の限りを尽くして深みに潜り、海底から貝を漁って浮上し、貝の中にきらきらと輝く真珠を見出しては無邪気に喜ぶ人に似ていた。しかし喜ぶのは刹那にすぎず、原稿に向かう大半の日々は背中に鬼気が迫り、声をかけることも憚られた。そうやって編集委員室に疋田記者を訪ね、黙って引き返したことは数知れなかった。第二は、権威に刃向かう感情の烈しさだ。たぶんは終戦の年に召集され、九十九里浜守備歩兵として軍隊生活を送った体験に基づくのだろう。武威を張る者、権威をかさに力押しにする者、序列を圧《お》しつけたり、権力に擦り寄ったりする者に対しては、容赦のない侮蔑のまなざしを向け、口もきこうとしなかった。その烈しさは記事にも反映され、どのような態様であれ、権力や権威には妥協のない徹底した反撃を加えた。本書でいえば、若き日に書いた伊勢湾台風ルポ、山岳遭難ルポにその片鱗がみえ、寸鉄人を刺す天声人語の数々にその反骨が結晶している。

その反権威主義は後年、マスコミやジャーナリズムそのものに向けられ、そこから警察取材の定法に根本から疑問符を突きつけた「ある事件記事の間違い」や、少数派に反論の場を提供した「わたしの言い分」などの企画がうまれた。いまにいたる「マスコミの病い」や人々の「マスコミ不信」に最初に気づき、警鐘を鳴らし、反転を試みた貴重な記録といえるだろう。

## 記者という生き方

ある先輩記者から同僚の墓参に行った話を聞いたことがある。彼は同僚のためにビールを一缶と、ちびた鉛筆を立てて故人の霊を弔った。「しょせん、記者は鉛筆一本の渡世職人。あとには何も残らないからな」。

新聞記者は、組織ジャーナリストの一構成員であり、一職業である。定年になれば肩書きは「元記者」になり、現役当時の肩書きも特権も消えてしまう。

と同時に、新聞記者は一つの生き方を指すのかもしれない、という気もする。たとえば詩人は、職業人であろうとなかろうと、詩を書く限り、その生き方に変わりはない。ミュージシャンもアーティストも、それで生計を立てるかどうかは、決定的な名乗りの基準にはならないだろう。同じ意味で、ジャーナリストである記者であるかどうかを判断する場合も、組織に所属するかどうか、それで生計を立てるかどうかは、本質的な基準ではないだろう。裏を返せば、職業としての記者を任じている人の中にも、ジャーナリストの名に値しない人は多くいるだろうし、職業についていない人の中にも、ジャーナリスト精神に富む人々は数多い。

疋田氏は、その本来の意味で、骨の髄まで記者という生き方を貫いた人であったと思う。たぶんは性格上の含羞《がんしゅう》から、さらには新聞記事だけに専念して後に何も残さないという強い信念から、疋田記者は企画記事や天声人語をまとめた本、新聞人の評伝など数少ない例外を除いて、著作を発表しなかった。

疋田記者の残したものは、その飯場に出入りした多くの後輩記者に受け継がれており、その生き方はいまだに朝日新聞の記者の指針になっていると思う。ただ、疋田記者の謦咳《けいがい》に接した後輩も年々数少なくなり、いずれは書かれた記事も散逸し、記憶は薄れていくに違いない。「自衛隊」など多くの企画で疋田飯場を経た柴田鉄治記者が発案選考し、多くの後輩の賛同と関係者の後押しから、本書が生まれた。

本書には系統だったテーマや、疋田記者がつねにこだわった「洋服簞笥の横棒」としての一貫した論理性があるわけではない。ただし、私たち後輩が厳選した文章の隅々には、いまなお色褪せない「新聞記者としての生き方」が脈打っており、その文章一つ一つが、これから「記者という生き方」を目指す人々に、大きな励ましと高い目標を示してくれると信じたい。とりわけ、「ある事件記事の間違い」や「記者研修講義録」などは、ジャーナリズムの原点を振り返るにあたって、いまなお古びない貴重な指摘に満ちている。

疋田記者は生前、「一職人」を自任していた。本書は、新聞記者という生き方を貫いた一職人の紙碑である。

2007年10月、香港で

第一章

# 一九五〇年代〜六〇年代

## 個人として、チームとして

# 空から見た遭難現場――洞爺丸台風

## 浜辺に散乱の死体、船底見せる洞爺丸

【函館七重浜にて疋田記者】二十七日午前三時半台風の暴風雨圏がまだ北海道全域を覆っていたころ本社ボナンザ機は記者らをのせて東京羽田空港を飛立つ。進路は北、まっすぐ洞爺丸遭難の函館港をめざす。降るような星空をボナンザは時速二百六十キロで時速百キロの台風を追うのである。――午前五時ごろの夜明け仙台以北は一面のバラ色の雲海。数時間前過ぎ去った台風の余波を示すように上層雲が北に流れていた。青森は快晴、津軽海峡は強いスコール、波浪の耳が吹き散らされて海面が白く濁ってみえるほどの西風、このあたり台風の中心から南西約八百キロにも及んだという暴風圏内からまだ脱けきらないのであろうか。

港のはずれの七重浜に北日本航空の滑走路がある。ボナンザ機がいきなり滑りこもうとしたとき波間にへさきだけをみせた船が見え隠れしているのをみつける。

これだ！　もう一つ浜辺近くに赤い船底を発見、完全にひっくり返って波が船底をザブザブと洗っ

ている。三つ目、これは波打際に座礁している貨物船「第六真盛丸」という文字が読めた。いずれも防波堤の外側。

滑走路のある浜辺には一面木片、救命ボートなどが打ち上げられている。人の群を分けて着陸、人人は早速三百メートル沖の赤い船底を指さし、〝あれが洞爺丸だ〟と教えた。海底に突きささった形のもう一つは十勝丸らしいという。浜では十五メートルくらいの西風でかなり波も高く真盛丸の甲板を洗うほどだったがキラキラ日ざしに光る洞爺丸の船底は何かたわいがなく無造作ないたずらのあとしか思えなかった。これが瞬間最大風速五十三メートルという風の猛威であろうか。

すでに浜辺に泳ぎ着いた人たちは病院に運ばれ、人の群の中には打ち上げられたいくつかの死体が砂浜の上にじかに並んでいるだけだったが、ここに十体、向うに五体、離れて一体、自衛隊や警察官が次々に死体を運び出す。また別の浜に死体が上がったとの知らせで自衛隊のトラックが急行する。しかし近くの漁民らしい群衆はだまって立ちつくし、沖をながめ続けるのだった。耳のちぎれそうな冷たい風が人々や死体の間を吹き抜けていく、泳いでいるうちにこごえ死んだ人もあったと人々はひそひそとささやく。

打ち上げられた浮遊物の中には〝TOYA〟と名をうったブイ、ソファー、ゆりカゴ、北海道みやげのクマの置物まで転がっていた。荒された浜辺に牧牛が草をさがしている。「何しろ昨夜は真っ暗で何もわかりませんでした。半鐘を鳴らして人を集めました。一人で二十人も助けた人もいました」と浜辺の小屋番、台風十五号はこの浜に思いもかけぬ惨事を残した。しかしあの暴風がこの浜で何を引き起したか、夜明け前にそれを知っていた市民は少なかった。また救助に当った浜辺の人達さえ朝この姿をみるまで四千トン以上の洞爺丸があんな形で沈んでいたとは想像もできなかったのである。

（一九五四年九月二七日夕刊）

## つのる〝越冬断念〟の不安――南極観測

【宗谷で疋田隊員十五日発】見通しが、ひとつひとつ打破られていく経過――観測隊がたどってきた道は結局、それだった。つい十日前までは「まさか」と思っていたことが、いま、事実になって現れようとしている。昭和基地を放棄しなくてはならないかもしれないのである。観測隊はまだすべてを断念してしまったわけではない。最後のチャンスを求めるために、宗谷はひとまず退却することになった。しかし誘導の米砕氷艦は難航している。第二次越冬隊がダメになる心配は日ましに多い。

### 努力実らぬ歯がゆさ

#### 隊長に泣付く若い科学者

アメリカの砕氷艦がきた。これでなにもかもうまくいくだろう。そういうあまさが、すべてではないにしても、私たちの気持の大部分を占めていた。砕氷艦は、しかし、基地まで百キロ以内には近づくことができない。割れない氷ではないが、一日で二百メートルがやっとだという。雪上車を降ろして走ってみた。十四時間かけて、十五キロしか進めない。昭和基地を放棄しないため、残されたただひとつの手段は飛行機だということになった。

第一次越冬隊の収容と並行して、第二次越冬のための荷物輸送を始めた。だが、単発小型機では、一回に三百キロあまりしか運べない。これはなんとも心細く、もどかしい話だった。夜が短いので午前三時から午後九時まで一日十八時間は飛べる。ただし乗務員は四人しかいない。夜は夜で整備の仕事がある。ほとんど徹夜のピストン輸送が始まると、三日目には乗務員は疲れはてた。疲れても交代要員はない。天気は変りやすいし、一回一回の飛行が必ずしも安全とはいえなかった。ソリをつけた飛行機が雪けむりをあげて氷上滑走路におりる。氷面はデコボコしていて機体はガクン、ガクンとおどりくるった。ガソリンを補給するとすぐに飛びたつ。ところがソリに雪がベタついてなかなか走り出せない。プロペラを回しておいて、数人の男が飛行機のしりを押してやらなくてはならなかった。

もともとこの小型機の任務は、氷状偵察と航空写真による地形調査だった。これ一機で越冬をするのは負担が重すぎる。南極探検にもおそらく前例のない大作戦だろう。見ていて痛々しいほどだ。いろいろ隊の方針を変えてみたが、話は常に飛行機輸送にかえった。永田隊長は井上、岡本、森松、園田四航空隊員の部屋に激励にきて「むりなお願いとは思うが」といい、涙顔になった。帰ってきたばかりの越冬隊員が「雪上車を基地まで運ばせてほしい」といいだしたのはそのころだ。バートン・アイランド号も協力を惜しまなかった。足りなければ燃料は提供しようという。またこちらから頼んだわけではないのに、飛行機の誘導電波をいつも出してくれた。飛行機で運ぶ八トン足らずの荷物をおろすのに宗谷は百トンの荷物を出し入れしなくてはならなかった。この中から必要なものだけ八トンをえらびだすのは大作業である。気象観測器械のあるものは船底にあった。途中に前後二回の雪上車輸送案が出ては消えた。その都度、作業方針が変る。隊員や船員が一仕事終え、ベッドに疲れて入ると、二時間後にたたき起された。見るとさっきおろしたばかりの荷物をまた「急いでしまえ」というのだ。

毎日がそんな調子である。イライラするし、だれも顔にはださないが、働きながらなにか空しい努力のような気がしてならなかった。というのは、荷おろしをしたのは氷原の真中で、氷と空と二隻の船のほかはなんにも見えない。昭和基地まで飛び、大陸や山を見ているのは百三十人のうち飛行機の乗務員四人のほか、五、六人しかいない。現実に基地はどうなっているのか、はたしてこんなことで第二次越冬はできるのか。みんなキビキビと気持よく働き、なんとしてでもやりとげたい意欲はあった。が、そういう不安をおさえかねていた。

わけても気の毒だったのは、廿人の越冬隊の予定者である。予定した観測器械を運べないくらいなら帰ったほうがマシだ。そういってあっさりあきらめてしまう男がいた。三年前からそれまでの研究をやめて準備をし、越冬観測に学者としての将来をかけている、という若い科学者が選にもれた。かれはあきらめないで隊長に直訴を繰返している。また八人のワク内に残ったものの、日本を出発した時からの覚悟を、ここでもう一度覚悟し直さなくてはならない。予定した十分の食糧、燃料が運べない。向う一年の生活が、第一次越冬よりはるかに苦しいものになることは明らかだったからである。

十四日、ちょうど一週間目に時間切れとなった。去る八日ここに着いた時から当然、時間の制限があることを覚悟していた。アメリカ側からハッキリした期限の申入れはなかったが「数日以内に」という話だった。九日、まわりの氷に薄氷が張った。十一日、進入して来た氷海の状態が悪くなって来た。十二日、退路はふさがれた。そして十三日「これ以上とどまることは危険だ。場所をかえて心配のない所から基地への輸送をつづけよう」という申入れが来た。退路は予想以上に悪くなっており、難航をつづけている。果してうまい場所が見つかるだろうか。基地へ飛行機を飛ばすチャンスはもう一回あるだろうか。隊長は涙声でいっていた。「あんなに日本中が応援してくれたのに、このままゼロで帰れないいじゃないか。こういうオレの感覚は古いだろうか」と。隊員室もヒッソリしている。私たちは、一切がダメになった時のための、心の準備をはじめなくてはならない。

（一九五八年二月一六日夕刊）

# 〝黒い津波〟の跡を歩いて――伊勢湾台風

黒い津波　言葉があいまいなので、それで、ヨソにいては被災地のはっきりした実感がつかめないのでないかと思う。

名古屋市内ではあの晩、流木で大勢死んだ、という。その流木だが、せいぜい電信柱ぐらいの太さの丸太んぼうをしか、ふつうは想像しない。ところが来てみると、それは、とてつもない巨木だった。フィリピン産の直径一メートルから一メートル半、重さ何トンという小型戦車みたいなやつ。これが何千本となく港の貯木場を飛び出し、高潮の勢いにのって、停電でまっくらな夜、密集した住宅地にあばれ込んだのである。

高潮という言葉、これを津波と呼びかえるだけで、かなり恐ろしさが加わる。気象台の警報にしたって、学術報告ではないのだから、高潮警報などといわないで、津波警報とした方がずっときき目があったにちがいない。

あるいは、水。名古屋市の三分の一は、いまでも水につかっているのだが、こんどの水は、いままでの水害地のドロ水とは違って、まっ黒なドブ水なのだ。港の石炭、重油、古い運河のドブドロ、ふんにょう。何もかもをかきまぜて、そのうえ、もう二週間も貯めて、くさらせたもの。そのなかで暮している数がいったい何万世帯何万人であるのか。あまり広範囲すぎて、今なお名古屋市役所は正確な数を発表できないでいる。（疋田記者）

## 高級住宅地は安泰　名古屋　都市計画の甘さ

なべ・かま

ひどいひどいと聞いて、あれこれ想像しながら、一週間前、私は名古屋駅におりた。駅前からしばらく、タクシーは市街地をはしる。ここでは町も市民もケロッとしていて、おやおや、どこが水害都市かと、とまどう。ビル街は東京、大阪よりモダンで新しく、道路は整然としている。できあがったばかりの名古屋城はピカピカ金のシャチを輝かせ、有名な百メートル幅の大通りは公園のようだ。人通りも、商店も、映画館も、昼も夜も、ふだんと全く変らない。考えてみれば、アラシが過ぎて一週間にもなるのだ。変っていないのが当り前じゃないか、と思いなおす。

しかし、ビル街から十五分ほどいくと、たちまち車は行きづまりになる。この整然とした大都会が、整然として水没しているのが、むこうに見える。黒い水は、鼻がツンツンするほどくさい。遠まわりをして港の近くにでる。あの流木の山には、まだまだたくさん死体がある、と運転手がいう。ほら人の手が、あそこに、と指さす。ゴム手袋のようにふくれたのが、巨木の下で黒い水に洗われている。さっき鼻がツンツンしたのは、くさった死体のにおいだったことが、ここでわかる。

流木とドラムカンをくくりつけたイカダが、水没都市のただひとつの足だ。便乗して、避難所になっている小学校をたずねた。毛布と乾パンとかんづめと。もちろん十分ではないが、むしろ、よくこれだけをここまで配給できたとおもう。あんがい、みんな朗らかそうにみえる。高校と中学の子どもたちが、大声で私にいう。「ああ、ぬくとい（あたたかい）ご飯食べてえなあ」「あたし、おフロに入りたいわあ」

彼らはある日、退屈して、連れだって、オカに遊びにいった。町をあるくと、配給の自衛隊服をみんながジロジロみた。デパートに入る。特選売場が生活必需品大奉仕会場に変っていた。ショーウインドーに、なべ、かま、バケツが飾りつけてあった。が、買う金はない。買えても「ぬくといご飯」をたく火が、水のなかにはない。クソッと思って、また、黒いくさい水のなかに逃げてかえった――と彼らはいう。デパートはもちろん善意で出血大奉仕をしているのであろう。しかし、オカに住むドロ水とは無縁の人々は災害をさえ都会らしいムードに仕立ててしまう。被災者には、それがたまらないらしいのである。

## 機械と人間

名古屋市の南部は、全体が水没しているものと思っていた。ところが、埋立地の大工場と工場敷地だけは、まるで島のように水の上にあり、まわりの工員住宅が、ほとんど水の下なのだ。つまり、人の住まないところはカラッとかわいており、人の住むところが沈んでいる。奇妙なことだ。工場の機械や製品の方が、それをつくる人間よりも、防水完備で貴重品のように扱われている…かに見える。

これは、どういうことなのか。

ある大工場の場合、むかし大阪で室戸台風の高潮でめちゃくちゃになった。そこで名古屋に工場をつくるとき、敷地を二メートルほど土盛りしておいた。おかげで高潮は工場をこえて、滝のようにまわりの工員住宅に流れ込んだ。あるスクーター工場の場合、あの晩は、人の背より高い津波に洗われた。しかし翌朝までに、水はきれいにひいた。が、近くに住む百人以上の工員とその家族が水没死体となった。

もちろん、結果としてそうなっただけで、意識して人命を軽くみていたとは思わない。しかし、こうはいえる。ふだんは気がつかない世の中の矛盾や、非情さが、いま名古屋市では漫画のように強調されて、むき出しになっている。ジェット機工場の三角屋根に、そこに避難した被災者のオシメがひるがえっているのを私は見た。悲しい漫画だ。

奇妙な話は、まだある。あたりには工場労働者だけが住んでいたわけではない。何千戸という市営住宅があり、何万人かの市民が水びたしになった。名古屋の市営住宅といえば、山ノ手に有名な千種台団地がある。ところで、山ノ手の団地は鉄筋コンクリートの高層アパート群であり、こんど水没した団地は、水に弱い木造平家建てなのである。話があべこべではないか。

## 死者の数

愛知、三重、岐阜。三県にわたる伊勢湾台風被災地をあるいて、いちばんやりきれない思いをしたのは、名古屋市だった。ほかの各地各県のは、へんないい方で誤解されることを恐れるのだが、まあ、ありきたりの、話のわかる災害だったように思う。ところが名古屋市ときたら、だいいち、どうして千六百人もの市民が、かたまって死ななくてはならなかったのか。私には、どうしてもわからなかった。名古屋市にこんな大型台風が襲ったのは、はじめてであること。警報が出ていたのに、避難しなかったこと。また、警報では二メートルの高潮を予想していたのに、実際にきたのは二倍の高潮であった、という事情もある。しかし、被災地をみた感じでは、もっと他にワケがありそうな気がしてならないのである。

第一に、名古屋市の総合的な都市計画が、甘かったのではないか。高台にコンクリートのモデル住宅地を築きながら、どうして低地に木造平家の公営住宅を密集させたのか。公営住宅の住人たちは、自分が水面下に住んでいることを、水没した日まで知らなかった、という人が多い。しかも、低地に住む勤労者の流した汗が、戦後のめざましい名古屋市の発展をもたらしたのだ。日本一という百メートル道路も、千種台団地も、金のシャチホコも、そうだ。表通りだけの都市計画のモロさ、弱さ。

第二は埋立地である。建設省や経済企画庁の技術者にきくと、埋立地をつくると、どうも、そのうしろ側が弱くなる。埋立地の大工場が工業用水をくみあげるので地盤は沈下する。それで、こんどのように堤が切れて水が入ると、水がひかなくなるのだ。防潮堤を、どんな台風が来ても大丈夫なように高くしたらどうか、という意見がある。埋立地は防潮堤をかねているのだから、それには埋立地を、もっと高く盛りあげなくてはならない。しかし、地価が安いからこそ、争って工場が建つのであり、土盛りして地価が上ったら、商売にならないのだ。採算がとれなくても、防災一点ばりでいくか。それとも、五十年にいっぺんの災害は覚悟のうえで安い工場地帯をつくるか。ふたつのうちのどちらかだ――と、技術者たちはいう。

## 新しい災害

名古屋市は不経済な安全よりも、安上りの繁栄の方を選んだ。そのひとつの結果が、金のシャチホコの下に、死臭がただよっている、という今日の状況である。もちろん、名古屋市だけの問題ではない。東京でも、大阪でも、埋立てやら「臨海工業地域の造成」やらは大流行である。日本じゅうが、かけ足で、背のびし、発展し、繁栄している。だから、二十五年前同じ規模の台風が阪神を襲ったとき、死者は三千人だったのが、こんどは五千人になった。この次に同じ台風が来たら、東京だろうと大阪だろうと死者の数はもっと増すだろう。「しようがないんですよ」と、ある高名な気象学者は私にいった。

こんど低地で被災したのはヒラ社員。部課長以上は山ノ手の団地にいて助かった――という話がある。逆に、被災社員の被害調査をしたら、部課長さんのより立派な電気冷蔵庫やテレビがそろってい た、という話もきいた。水害地をいくと、ぬれたフトンといっしょにイカダで運び出す冷蔵庫やせんたく機の白さがいやに目についた。それをみていて「消費者は王様である」というコマーシャルを、ふと私は思い出した。王様は、いま死体とともに黒い水に住み、ドレイであるはずの付近のナイロン工場、発電所、スクーター工場からは、早々に操業再開の煙があがっている。

そういう非情な、都市災害の新しい型が、いまの名古屋市に、はっきり現われているように思われる。

（一九五九年一〇月九日朝刊）

# 何を語るか？　東大生らの遭難

一週間前、北アルプスで八人、八ケ岳で五人、奥秩父で二人、計十五人もの登山者が死んだ。不意の吹雪に襲われたということだが、この時期の山では前例のない集団遭難であった。彼らはどうして死んだのか。各パーティーのうち、訓練と統制が最もよくゆき届いているはずの東大スキー山岳部の場合を、北アルプスの現地で調べてみた。遭難したのは北穂高滝谷。十八日行動をおこした一行十一人のうち、死亡六人、重傷一人、生還四人となっている。（疋田記者）

## 英雄扱い、お門違い

### 準備不十分の事故死

東大生たちの遺体が上高地に運びおろされた日、山は快晴だった。ひつぎは、染まるようなもみじのトンネルをくぐり、においのいい落葉をふんで梓川のほとりに並べられた。流れの向うに、穂高連峰の黒い岩壁がある。新雪の白さ。空の青さ。あれは、日本の秋のいちばん美しいところ、ときではないか。遺族はここでなきがらと対面し、河原の石でおかんを打った。山男たちはむせびながら山のうたをうたう。冷たい風が沢を渡ってくると、サラサラ、音をしのばせてもみじはひつぎのうえに散る。赤い葉っぱ。黄いろい葉っぱ。ドライで聞えた鬼のカメラマンさえ、ひとり、つい、もらい泣きしているのを、私はめずらしいとおもって見ていた。しかし、だまされてはいけない。山のこの美しさこそ落しあなである。

## きれいな死に顔

死にざまの気ちがいじみていること、はた迷惑である点、例のカミナリ族とやらと少しも変るところはないのだ。ところが、山の遭難というと人々はとたんに寛容になり、感傷過多におちいり、まるで英雄のように死者を扱いたがる。きまり文句でいえば「彼らは山男らしく、美しく死んだ」。いったい、標高三千メートルで死ねばどんなに無謀な事故死でも美しいというのか。(――お断りしておくが、ここで、死者をむちうつつもりはないし、遺族や関係者を心からお気の毒におもう。しかもなお誤解されるのを恐れずに、ものをいわねばならない。そういう時期がきていると思う)

彼らの死に顔は、みんなきれいだったという。ふつう、岩登りで遭難すると、見るも無残なことになる。全身骨折でぐにゃぐにゃ、手足はちぎれ、顔はつぶれ、脳みそが飛び散って空っぽになっていたりする、という話を私はきいていた。東大生が死んだのは、むずかしいので有名な滝谷の岩壁である。死に顔がきれいだったというのを不思議に思った。「……ですから、こんどみたいにお粗末な遭難はないって、みんないうんですよ」と、死体捜索を手伝ったほかの大学山岳部員が遠慮がちにだが、私に教えてくれた。

東大山岳部の技術がうまい、まずいという議論もある。が、彼らは、もっとそれ以前の不注意でやられた。みぞれの降る朝、三千メートルの山を歩くのに、下着は夏のシャツ、夏のステテコで基地を出発している。ミゾレはやがて暴風雪にかわった。医師の検視によると、六人のうち五人までが疲労凍死で、あとのひとりがナダレの下敷きになって窒息死している。死に顔はきれいなわけだ。それを、滝谷の登はん仲間がわらうのである。

天候が急変したという。しかし、何日か前にも雪は降っている。それに台風が通ったあと、急に寒気がおりてくることぐらいは都会にいてもわかる。出発する前、彼らは計画を実行するか、やめるかで議論したということだ。なぜ途中で引返さなかったのか。岩登りをやめて、岩穴で一時露営した連中は三人助かっている。……もちろん、そういうシロウトの私にも分かることを、死んだ山男たちが知らないわけはないのだ。わからないのは、何が彼らの行動を狂わせたか、である。

## 美化される〝行動〟

### 原因の追及もあいまい

山男はおしなべて野心家である。みんな英雄になりたい。他人にはマネのできないことをやる。それが彼らの名誉心をこのうえなく満足させる。より困難なことは、より値打ちのあることだ。そして名誉心を傷つけたくないばかりに無理をする。遭難は不名誉なことだ。が、無理をしても、事故さえなければ文句はないだろう。勝てば官軍さ。途中で引返すことなどは輝かしい彼らの登山歴にとって、とりかえしのつかぬ致命傷になるのだ。下界では気ちがいざただが、そんな山のモラルでもあるのか。

野心家を裏返すと、しっと深い見栄っ張りだ。山道で人に出会ったとき「こんちは」と声をかわすことになっている。出会った相手がクマでなくてよかったなあ。そう、おたがいに祝福しあってるふうだ。ところが、じつは「こんちは」と同時に、ジロジロッとばかりすれ違いざま敵の一部始終を偵察し合うのだそうである。ピッケル、帽子、クツ、チョッキ。そのすり切れぐあい。七つ道具が物語る相手の登山歴に一喜一憂するのだろう。山男には、クロウト仲間でも、あれでたいへんなおしゃれが多いのである。

東大のこんどの収容作業に参加していたOBの一青年がハンサムで、ちょっとイカスくちだった。上から下まで黒づくめ、胸に何やらのマークをつけ、ベレーを傾けて粛然としてひつぎの先導をつとめていた。彼はそのとき、から身でピッケルを構えていたが、ああいう場面でも山ではピッケルが必要なのだろうか。どうもわからないことが多い。

## 思いあがる山男

「下界におりると神経にこたえることが多い」——山男がよくそういってこぼすのを聞く。しかし、こんど下界からはい上っていった私にも、山は神経にこたえた。遺体が上高地に着く前の晩、私は遭難現場に近い涸沢小屋に向っていた。そして涸沢に入る前に、下の小屋に遺体をおろす一行に出会った。死者はここではまだ荷物でしかない。凍死体をノシモチでもまるめるように折りまげ、寝袋につめてショイコにくくりつける。腰のあたりを折りまげたのか、頭とヒザをペッタリつけ、頭のうえの登山グッが、そこだけ寝袋からはみ出している異様な一体を、夜道で私は見た。

一行について引返したのだが、驚いたことに山男たち、小屋につくとガヤガヤ、はなうたまじりなのである。おい、新聞みろ。おれたちの記事が出てる。名文だねえ、ウフフ。……彼らは楽しげでさえある。それを、ただごとではない、と私はおもう。

理由はある。ここでメソメソしていたら仕事にならないだろう。六十キロから七十五キロもある大荷物をかついで急坂をくだるのだ。疲れたヒザがガクガクする。危険ではある。元気をつけなくてはならない。こんなのはまだましな方で、谷川岳には死体一個いくらで引きおろしを請負う、職業救助隊がある、ときいた。死体は谷底にけ落される。ノコギリで手足を切りきざんで小さな荷物にまとめるのだそうである。まるでバラバラ事件だ。山男たちは、そんな話をみんな知っていてだれも驚かない。

それほど山の死体収容作業は面倒でむずかしい、ということだろう。それ以外にやりようがない。山では、感傷は「まずいもの」なのだ、と山男たちはいう。それが、上でははなうたまじりだったのに、下界におりるにつれて事態を美化し、ウエットになり、ついに上高地では自分も泣き出してしまう。

山と下界と、その中間のどこかに山男たちは一線をひいているようなのである。遭難の経過を調べようとして、なかなか確かな資料がききだせないで私は困らされた。同じ生存者の証言が、警察官に問われて答えているのと、私たち新聞記者に話すのと、肝心なところで食いちがっていたりする。追及すると、それ以上は聞いてくれるなとまわりの先輩がいう。それが山のエチケットだから、ともいう。一線をひいて、ここから上はおれたちの世界だ。文句をつけないでほしい。そういっているみたいである。山男の思い上りを感じないわけにはいかない。また、その思い上りが下界では想像もつかない、軽はずみで狂った行動と結びつくように思う。

## おかしい寛容さ

ひとつ不思議に思うのは、同じスポーツでも円盤投やフェンシングとなると、たまの事故死が過失致死事件としていちおう捜査される。ところが、山の遭難だけは寛容に、そっとしておかれるのはなぜか。

こんどの場合、尾根から十五メートル下で凍死した男と同じ尾根に先にはい上って小屋に救援を求めに戻った男との関係はどうなのか。また、同じ岩穴のなかで一時露営した五人のうち、三人の東大生は助かり、西朋登高会の二人は凍死した。その夜のくわしい状況をだれかが調べる必要はないか。最後までがんばって生き残った四人を、上高地で山男たちはしきりにほめていた。しかし、下界の常識では、あやまってバットで友だちにケガをさせてしまった少年も、ふつう、お巡りさんに呼ばれる。推理小説のようにそこに殺意があったとか、なんとかいっているのではない。海の遭難に海難審判があるように、山の遭難にも、だれかが調べて審判を下し、その結果によっては責任者に責任をとらせたらどうか、と思うのだ。

（一九五九年一〇月二六日朝刊）

# 不幸な流血――三井三池争議

## 重傷者をののしる

### 鉄・石・目つぶし投げ合い

【大牟田】三井三池争議は二十八日朝とうとう血を流した。二つの組合は石や鉄の固まりをぶっつけ合い、血まみれになった男の頭をさらに棒きれでガンガンなぐりあった。一体これが日本で最も意識の高いといわれる労働組合の争議行為だろうか。病院にかつぎ込まれる重傷者に向かって「ざまあみろ、裏切りもん」とののしりの言葉を浴びせる。しかも気持ちよさそうに薄笑いを浮かべながらである。これが同じ炭住の屋根の下で暮らす人たちの姿だろうか。人がきを作って見物する市民の中からは、不幸な対立を悲しむ声もあった。激突の中心は三川鉱で、重傷者多数を出した。その一部始終をみた。（疋田記者）

午前六時半、打ち上げ花火を合図に約千七百人の第二組合員が集合場所から三川鉱に向かった。整然としたかけ足デモだった。広い三川鉱内四つの出入り口は前夜から第一組合員がこれまた整然としたピケをはっていた。第二組合側は赤、白、青三色のハチ巻きを目印しにした三隊に分かれて行動をはじめる。三隊のうち黄色い坑内帽の青年行動隊を先頭にした白ハチ巻きの一隊が一つの門に襲いかかる。「襲う」という言葉がふさわしい。

かけ足デモの隊列がバラバラと乱れたとたんに黄色い坑内帽が棒きれを振り上げてピケ隊になぐり込んだ。コショウの目つぶしがピケ隊に飛ぶ。大人の頭ほどの石が群衆の中にドスンと放り込まれる。鉄のかたまり、鉛の水道管、赤さびたストーブのかけら。あらかじめ用意したおびただしい数の〝凶器〟がたちまちピケ隊をひるませる。

フラフラとピケ隊を離れて倒れかかる者がある。それを青年行動隊員が竹ザオで突く。ピケ隊が及び腰になったとき第二組合員は一せいに横のヘイをよじのぼり始めた。

高さ三メートルくらいのコンクリートベイの上半分がサクになっている。そのときサクにしがみついたままどうしても乗り越えられぬ男があった。定年も近いのではないかと思われる老眼鏡の年配者だった。足がずるずるすべってとうとう一人だけ取り残されてしまう。今度は第一組合の攻撃がその一人の男に集中した。長い竹ザオで力の弱い腰を下からピシリとたたく。男はあぶなくすべり落ちそうになる。第二組合が使った石や鉄塊が男の背中に飛ぶ。しかしやがて内側の仲間からの助けで男の重たそうな体が転がり落ちるようにサクの向こう側に姿を消した。

じっと様子をみていた市民が手を打って喜ぶと、太い竹ザオが市民の頭に飛んでくる。「私たちの作戦は成功しました」第二組合の宣伝カーが勝利を告げた。ところが新手の第一組合員が第二組合員の後を追ってヘイをよじ登り始めたのである。あちらでもこちらでもカン声をあげて構内におどり込む。無抵抗だから、さきに入った第二組合員よりたちまち数が多くなる。「敵はどこだ」「行け、行け」と叫びながら構内の棒切れを拾って行く。ピッケルを持った組合員もいる。そして手当たり次第に構内のガラス戸を打ち破る。「器物をこわすな」と制止するものもいたが、暴徒のような男たちの耳に入らない。やがて「総評」と書いた赤ハチマキの指揮で隊列がととのい、構内「繰り込み場」の建物を包囲する。この建物の中にこれから就業しようという第二組合員が集まっているのだ。

投石の一斉攻撃が始まる。たちまちガラス戸が消えてなくなる。ワッショイ、ワッショイと中におどり込むものもいる。苦しそうに顔をゆがめた一人の第二組合員が第一組合員二人にかつがれて運び出される。ケガ人の腰をうしろからほかの一人がかけ寄ってポカンとけり上げ、フラリとケガ人が倒れかかる。また一人、顔面血まみれの第二組合員が表にほうり出された。固い坑内帽が大きくへこんでいた。また一人、紺の作業服で会社側係員らしい。「ナカザワだ」と一人が鋭い一声。ワッと取り囲んで袋だたきになる。

無帽の頭から血が噴き出す。逃げる係員を追いかけて角材でガツン。血まみれの顔をカメラマンがねらう。すると組合員が棒きれを振りかざして「ぶっ殺すぞ」とすごみカメラマンを追い散らす。薄暗い「繰り込み場」の中では千人近い両者入りまじって白兵戦が続いていた。

指揮者の笛とどこかでしつこくガラスを割る音だけが高い。そこへ午前七時十五分警察機動隊が現われた。と見る間に第一組合側の一斉引き揚げがはじまる。ワッショイ、ワッショイと実に見事なかけ足デモ。急にひっそりした構内から間もなく負傷者が運び出される。いくつものタンカが続く。正門前に帰った第一組合員がタンカの列に向かってさけぶ。「ざまあみろ」「その格好は何だ」「バカもん」――タンカの毛布をはねのけ、血まみれの顔をあげてキッとバ声の方をにらみかえす負傷者もあった。

（一九六〇年三月二八日夕刊）

# 三池を追いつめたもの——三井三池争議

三池争議の現地から帰って、十二日、東京でひらかれた炭労大会をきく。三池労組の組合活動家たちにたいする解雇を認めるか、認めないか——その最後的な討論がはじまったわけである。この日、三時間足らずで、いったん打ち切られた発言では「解雇を返上して、闘いを続けよう」という空気が圧倒的だった。が、一方では「闘いたいが、組織の足なみが乱れていて闘えないじゃないか」との反対論が、根強い伏線になっている。おそらく、だから「徹底した討論で組織の欠陥を克服しよう」という大会スローガンを、舞台正面、大きな赤旗の上にかかげたのであろう。労働組合の大会というと、非常に勇ましいスローガンで埋まるのがふつうだ。それが、この大会では、みずから「組織の欠陥」を告白し、それ一本のスローガンにしぼっている。「強がりをいわない正直さがよろしい」などというのは、傍観者の気軽な感想にすぎない。三池で実際に指名解雇をつきつけられている労働者は、このスローガンを、どんな気持ちでうけとっているだろうか……調子の高い会場の応答をききながら、あらためて現地大牟田市の絶望的な暗さを、私はおもった。(疋田記者)

## 素朴 ヤマの一本気

### 「炭労大会」包む暗い感情

三池炭鉱労組一万五千人のうち、千二百人に指名解雇通知がきた。そのなかに三百人ほどの組合活動家がいた。大部分は組合幹部ではなくて、末端の職場闘争員だった。会社側はこれを「生産阻害者」だという。「いや違う」と、活動家は反論する。すべては組合の「戦術」にしたがい、ひたすら忠実に「指令」どおりの職場闘争をやっただけだ。ところが、そのことを理由にして、いま解雇されようとしており、しかも組合は組合で、この段階まできて「組織の欠陥」を告白し「闘えるか、闘えないか」を議論している。いったい、おれのクビや女房、子どもをどうしてくれるんだ……今日ここまで三池を追いつめたものは何か、とまず考える。

「資本主義の矛盾だ」ないしは「それが、安保体制さ」……その種の一連の明快な答えがある。「三池争議は、総資本と総労働との対決だ」ともいう。それを、ここで反論するつもりはない。だが、まてよ——と、殺風景きわまる石炭ガラの町を歩きながら、何度も考えなおしてみた。この追いつめられた炭鉱労働者ひとりひとりに、果たして、そういう明快な使命感があるか、どうか——と。あるいはまた、この種の「すべてか無か」といった原則論では、もはや、あの暗さを救えないのではないか。そして同時に、あの暗さそれ自体が、実は中央の進歩派たちが仕立てた、妥協のない原則論によって追いつめられた結果なのではあるまいか――とも。

三池で話しあった組合員、その家族たちの印象はといえば、何よりもまず、素ぼくな筋肉労働者なのである。実直で、不器用で――たとえば、中央で炭労が「戦術転換」したという。が、現地では、そうやすやすとは「転換」できない。また、労組用語には、とかくオーバーな表現が多い。一種のウソだけれども、それが大衆運動に必要な「戦術」なのでもあろう。都会のインテリ労働者なら、そのウソは百も承知で組合の「情宣ビラ」などをよむ。ところが炭鉱の組合員大衆となると、かならずしもそうはいかない。「首切るもの首を切れ」などというビラが、大牟田では町じゅうにベタベタはってある。言葉どおりの意味が、都会で想像するより、はるかに生々しくうけとられているのではないか、とおもう。

そういう彼らを、冷たい常識で笑うことは、たやすい。しかし、それよりも、彼らの真実味を疑うことの方が、ずっとむずかしい。問題の職場闘争にしても、彼らはいう――「数年前までの私たちは、まるでドレイのようにこきつかわれていた。家庭までジメジメして、暗かった。それが、組合の職場闘争のおかげで、年々、職場も暮らしも明かるくなってきたんです」「一種の人間解放運動だった。組合のおかげで、借金も、夫婦げんかだって、少なくなったもんね」「その職場闘争の先頭に立って働いてくれたのが、三百人の組合活動家だった。だから、首切りには、どうしても賛成できません」。事実また、分裂して第二組合に走った人々もいうのだ――「職場闘争を、全部は否定しない。こんごもやりますよ」「今でも、仲間だった組合活動家に会うと、すまん、と手を合わせたい気持ちになる」。

しかし、公平にみて、この人たちの職場闘争には、今日の日本の社会では、ふつうなら通用しない、常識外れと思われるフシがあった。たとえば、組合活動家の一人が、こういう——「ある日、ある現場の仕事のわりふり、賃金、待遇改善の要求などで、監督職員との話し合いが、うまくまとまらないことがあったとする。職場の組合側班長は『納得できるまでは仕事する気にならない』と主張し、すわり込む。しぜん、その現場では作業のはじまるのがおくれる、というわけです」。会社側は、この種の職場闘争を「生産阻害」という解雇の口実にした。一方、また、三池の職場闘争を指導し、支持した労働運動家のなかからさえ「なかには無茶な行きすぎがあった」との批判が出ていた。「ただね、いま闘争中にこれをいうのは利敵行為になるから、注意してほしい」と、その人たちは私にいう。では、平時、ここまで追いつめられる前に「行きすぎ」を指摘し「敵」に口実を与えないための「自己批判」を十分果たしてきたのか、どうか。

炭労大会で問題にしている「組織の欠陥」だって、事情はよく似ている。「徹底した討論で克服し……」大筋の運動は前進していくだろう。もちろん、結論が出ないうちから大会でいう「克服」の中身を予想することはできないとしても、しかし、労働者ひとりひとりは、暗い気持を今さらどう「克服」したらいいのか。心底から信頼し、生活のすべてをそれにかけていた組合までが、万一おれたちを裏切るというのなら「ダイナマイトを抱いて会社を消してしまう」と、活動家たちは訴えている。現地の炭労オルグや取材記者をさえ「こわい」と感じさせるような、思いつめた、真顔の訴えである。そんな陰惨さを背負って、現地から九十人余りの闘争員が上京して、この大会を傍聴している。三川鉱乱闘事件で逮捕状の出ている活動家も、そのなかにいる。みんな、ここではおし黙って野次ひとつ飛ばさない。はた目にも、それは、何ともやりきれない空気だ。

（一九六〇年四月一三日朝刊）

# 大レース400決勝を前に——ローマ・オリンピック

## 山中選手と10分間

### 優勝者名簿を手に、宿敵へ満々の闘志

【ローマ＝疋田特派員三十一日発】ローマ・水上きっての好カード、四百メートル自由形決勝がローマ時間のきょう三十一日夜十時十五分（日本時間一日午前六時十五分）にスタートする。日本の山中が宿敵ローズ（オーストラリア）と強敵コンラッズ（同）と顔を合わせるからだ。そこでひとり静かに策を練る山中選手と〝十分間対談〟をしてみた——

「まだ、だれも勝っとらんな」と、山中君はひとりごとをいった。選手村の山中君の部屋をたずねると、彼はオリンピックの優勝者名簿を手にして、ベッドに寝ころがっていた。四百メートル自由形で、日本の選手はまだ一度も優勝したことがない。それを、山中君はあらためて自分にいいきかせているふうだった。四年前のメルボルン大会で、山中君は四百と千五百、両方の優勝をローズにゆずってい

る。こんどはどうか。

――まず、ローズについて。

あいつ、くやしいから、こんどはコテーンと負かしたる。

――くやしいとは？

あんなやつ、ないですよ。スポーツマンというのは、もっと、にこやかにやってもらいたいな。

――何かあったの？

去年の日米水上で日本に来たでしょ。日本に着くとすぐ、山中には勝つ、といった。ぬけぬけとそんなことをいうんだからね。

――それでケンカでもしたの？

いや、日米水上がおわってから仲良くなった。ところがこんどローマで会ったらまた冷たい。勝負にばかりこだわる男はきらいだ。

――ローズは菜食主義者で、ローマにも両親がついてきて、食べさせているそうだが。

関係ないですよ。とにかく負かしたる。

――コンラッズは？

あれはまだ子どもですよ。

――そんなに年は違わないんじゃないか。

ふたつ、とし下です。ローズは同じとしで、向こうの方が一週間早い。

――記録はコンラッズがいちばん早いんだね。

四百メートルでは0秒7しか違わない。千五百は14秒もちがうが。

――コンラッズは、ローマに着いた時、熱があったそうだが。

ほう、知らんですよ。プールで会ったら、腰をうったボクの方がお見舞をいわれた。

――会って、どんなことを話した？

コンラッズはいいやつだ。文通もしているし、仲がよすぎて、勝負するのがいやになるくらいだ。会っても水泳の話はしない。

おそろしく、ぶっきらぼうなうけこたえを山中君はする。話しながら立ったりすわったり、「イタリア人やハンガリーからも毎日こんなにたくさん、手紙がくる」と、ファンレターの山を指したりする。

はじめて会って気がついたのは山中君の手先のきゃしゃなこと。女性的ともみえるやさしい指さばきで、手紙の束を解いたり、結んだりする。いかにも図太いように見えて、おそろしく神経の細かい男だ、というコーチの話を思い出した。神経の細かさで、過去四年間、彼は節制し、精進を重ね百、二百、四百、八百、千五百、自由形の全種目にわたって、過去の日本のどの選手よりも早く泳ぐことに成功した。このオリンピックの寸前になって、山中君に百メートルを泳がせたらどうか、という話が出た。ローズとコンラッズとに勝ちたいばっかりに、山中君はそれを断わった、といわれる。

――スタート台に立つと、やっぱりドキドキしますか？

そらあ人間ですからね。だれだってこわい。

――泳ぎながら炭坑節をうたうんだってね。

あれは、練習のときですよ。
——試合のときは?
夢中ですよ、苦しいし、早く終われ、早く終われと思いながら泳いでいる。
宿命の三人は、きょう三十一日夜四百メートル決勝で顔を合わせる。

(一九六〇年八月三一日夕刊)

# 新・人国記——静岡県①

## 富士と湛山

窓辺に富士をながめることのできる家には幸せが訪れる、と静岡のひとはいう。東海道線が丹那トンネルを抜けて沼津、田子ノ浦から富士川の鉄橋にかかるあたり、富士山は、ほかのどこからよりも優しい姿がながめられる。

石橋湛山の選挙区は、ここ、静岡県二区である。昭和三十一年暮、自民党総裁に選ばれ、この県からは初めての総理大臣になった。沼津市でお祝いの紙吹雪を浴びた新首相は、オープンカーから多少はにかみを混えながら手をふって市民にこたえていた。富士のよく晴れた日だった。

沼津市にはじまる全国遊説の無理がたたって病に倒れ、そのまま二カ月後、あっさり首相をやめてしまう。この人に、という世の期待は大きかった。しかし病気が長びいて大事な審議に出られないのは耐えがたい。——「そう早まる必要はないというお考えもあるかもしれませんが、思い切って辞任すべきであると決意しました。私の政治的良心に従います」退陣のときに発表された書簡である。

ひとびとの胸を打ち「悲劇の宰相」と呼ばれた。

湛山自身は、そういう自分を悲劇だとは恐らく少しも思わなかった。悲劇という言葉にふさわしいのはもともと一政客の挫折《ざせつ》なんかではなくて、東西両陣営の対立とか、さしせまった政治状況の方こそだ。党内の派閥争いにもまれている政治家たちには、いったい何が政治の悲劇であるかが見えない。だから、ますます悲劇なのだ。湛山という人は、今でもそういう思いにひたっているのではないか。首相はあっさりやめたが、政治を断念したつもりはない。三十四年、念願の平和外交を推進するために、自由ではない老体を北京に運ぶ。「失敗したら泥は私がかぶる。もし何か成果があったら、国民がそれを利用したらよい」といい残して。

戦前の東洋経済新報社時代から一貫して、資本主義の小ゆるぎもしない信奉者だ。ソ連や中国の社会主義がよい制度なら、敵視しないで競争したらいいじゃないか。湛山はそう考える。

考えて、いったん歩きだしたら後へは退かぬひとだ。今までに党から除名を食うこと二回、ほかに何回か党紀違反に問われた。よほどの横紙破りか、あばれん坊のようにいう評者があるけれども、湛山はただ「いまの日本の政治の姿は長い目でみて、どうも自然ではない」といっているにすぎない。てらいも、功名心もない。

七十八歳。このごろ、すっかり無口になった。「だんだんお客さまが遠のいて、話をするのが、おっくうなんじゃ、ございますまいか」とウメ夫人。手もとの分厚い原書は、ケインズ、トインビー。この夏は向坂逸郎の「社会主義革命論」を読んでいた。

郷里は、おなじ富士でもずっと厳しく見える山梨県南巨摩。反骨は、むしろ山梨県人のものだろう。

ここで、静岡県選出の現議員のなかから大臣経験のある人をあげてみよう。遠藤三郎元建設相（裾野町）太田正孝元自治庁長官（天竜市）神田博元厚相（静岡市）高瀬荘太郎元文相（富士宮市）竹山祐太郎元建設相（磐田市）西村直己元防衛庁長官（静岡市）ら。気候温暖なこのくにの土は、むかしから大人物が育ちにくい、といわれてきた。顔ぶれをみて、やや重味に欠ける感じがするのは、やはり風土だろうか。社会党では主流和田派をまとめている勝間田清一政審会長（御殿場市）がいる。政治家ではないが、各界への影響力では次に紹介する水野成夫の存在が大きい。

（一九六二年一〇月六日夕刊）

# 新・人国記——青森県①

## ネブタ

雪の道を角巻きの影がふたつ。

「どサ」「ゆサ」

出会いがしらに暗号のような短い会話だ。それで用は足り、女たちは急ぐ。

みちのくの方言は、ひとつは冬の厳しさに由来するという。心も表情もくちびるまでこわばって「ああらどちらまで」が「どサ」「ちょっとお湯へ」が「ゆサ」。ぺらぺら、くちばしだけを操る漫才みたいなのは、何よりも苦手だ。

また、コギン刺しについて、炉端で女が紺の麻地に白い木綿糸を刺す。たいへんな根仕事で別名バカ刺し。繊麗とでもいうのか痛々しいほどの美しさに、北国の人のふさいだ心がにじんで見える。

雪の半年をこらえにこらえて、ある日、一気に爆発する。夏のネブタ祭だ。

「ラッセラッセ、ラセラセ」

「エッペラセ、エッペラセ」

奇妙なはやし声と、笛、たいこ、ほら貝、なかには石油かんに石をぶち込んだだけの乱暴な鳴物もまじり、内側から灯を照らした巨大な武者どうろうが次から次へと、地響き立ててねり歩く。都会育ちの弱い神経には強烈すぎるかもしれない。集った観光客をギクッとさせる不気味さが、この一種殺伐とした土俗的な祭にはある。

板画家・棟方志功の画室を荻窪にたずねた時の感じが、ちょうどネブタ祭、あるいはネブタの楽屋裏をでものぞく思いだった。ほの暗い部屋いっぱいに、神、仏、お地蔵さん、無数の護符、仏典、鬼の面、ベートーベン、ツアラツストラ、歯をむいたヒヒ、人魚、買物カゴ……そして、片すみの棟方の不思議な仕事ぶり。強度の近眼を版木にすりよせ、真白な手と鋭利な小刀がアラシのように舞って、みるみる豊満丸顔の裸女が現れる。女は天を駆け横に飛び、暗ヤミでさかさにつるされていた。

棟方版画（――版画の版のかわりに棟方は板の字を使う）の声価は、昭和三十一年夏、ベニス・ビエンナーレ展の版画大賞受賞で確立した。

アジア的混沌《こんとん》という言葉がある。棟方が欧米画壇を仰天させたのは、むろん昨今の日本ブームとかムードとか、そんなのではなくて、もっと濃密なナゾだろう。酷薄な北方の風土から噴きあげた、もっと悪魔的な何かだろう。

青森市のカジ屋に生れ、小学校を出ると裁判所の給仕。絵は独学だった。大正十三年、二十歳のとき上京する。「あの奇人コ」と、郷里の人はさげすんでいったものだ。「失敗して、すぐに帰ってくるド」今日、棟方は郷土の誇りだ。作品は市内にはんらんし、奇人コ、逆転して無数の信仰的な愛好者を集めることとなった。

いまになって、棟方を、まるで生れながらの天才児のようにいう人がある。だが、こらえにこらえた長い冬が棟方にあった。国画会、民芸、日本浪漫派など画業放浪の無名時代、棟方は孤独だった。そして、名声と栄光のただなかにあるいま、やっぱり棟方は孤独だ。

ある夜、画室にこもって手ぬぐいで目かくしをし、手さぐりで版木を切る練習をしている棟方を家人がかいま見た。左眼の失明。続いて右眼もあやしくなったのだという。

「けれど……」棟方は屈しない。「見えなくなってからの方が、かえってよく見えてきた。それに何だかこのごろ、画室にはいると刀やノミの化けものたちが僕の手を導いて、黙っていてもいい仕事をさせてくれるような、そんな気がするんです。だから、じつは僕、安心しています」

自画像の棟方は晴れ晴れと、口には花を、目はウインクをしてみせている。ひとつネブタ祭でも踊ろうか、といった粋姿だ。


（一九六二年一一月二八日夕刊）

# 長寿の国　アブハージア

## 百二十歳の男に子宝

アブハージアという、日本ではちょっと耳なれない名前の国がある。コーカサスの山なみのふもとにある、ソ連邦の中の小さな自治共和国だという。なんでも、そのアブハージアには、百歳を越える長寿者が大勢いる。しかも、みんなピンシャンとして働き、たっぷり食べ、大声で歌を歌うという話である。決しておとぎ話でも伝説でもない。長寿の国アブハージアの名は、十九世紀の初め、フランスの一旅行者によって初めて文明社会に伝えられた。近年はソビエトの科学アカデミーが調査隊をこの国に派遣したという話も聞いた。いったい、それはどんな国だろう。この世の楽園だろうか。そして、そこにはなにか秘密の不老長寿の妙薬でもあるのか、どうか。もし妙薬があるのなら「日本へのお年玉に」と頼んで、とびきり効能確かなやつを長寿者から分けてもらわねばなるまい……。少し大き目のトランクをさげて、私たちはこの国をたずねた。

# コーカサスの太陽

モスクワから汽車なら二日、ジェット機だと二時間余り、真直ぐに南下する。コーカサス山脈を越えると、飛行機は黒海の上を旋回してスフミという町に降りる。スフミがアブハージア自治共和国の首都である。

空も家も人影も、すべて鉛色をしていた冬のモスクワにくらべて、この国のなんとまあ鮮やかで明るい青空だろう。空気は軽く甘い。太陽にぬくもりがある。モスクワの冬ときたら、日中たまにレモン色をした太陽が出る日に限って、おそろしく寒いのだ。

その日、暗い北国から一気に南下してきた私たちの印象が狂っていたのでなければ、飛行場からスフミの町に向う車の中で目にしたアブハージアの十二月中旬の自然、風光は、日本の農村の、たとえば静岡付近の晩秋にそっくりであった。

太陽に面した段々の茶畑が、ゆるやかな傾斜で海に迫っている。ミカン畑もある。遠い村々の茂みは赤や黄色に染まった葉っぱが、枯れつくすことなく、薄がすみの中にけむっている。農家の庭に、真赤に熟したカキの実が、枯枝にいくつか残っているのを見た。カキの実と黒い森と緑の牧場の起伏のはるか向うに、コーカサス連山の岩ハダがそびえ、頂は白雪が輝いていた。一方、ハイウエーから見下す黒海は、静かな波のうねりがゆらゆらと真珠色に光るのである。

人々の髪の毛は黒い。目も黒い。表情にロシアのけわしさがない。男たちは大きな鼻の下に見事なヒゲを持っている。同じコーカサスの産であるミコヤン氏のヒゲと風ぼうを思ってもらえば、いいかも知れない。女はヒタイまでかくれる黒いずきんをかぶっていた。ロシアよりはアジアの風俗である。

## 三人は語る

その夜、スフミ海岸のホテルで聞いた三人の話をまず要約しておく。

第一は、スフミの内科医で長寿医学の研究者、シチナワ博士の話。

「アブハージアでは、人間四十五歳までを若年といいます。それから七十四歳までが中年、七十五歳を越えてはじめて老年と呼ばれます。そして、九十歳以上が長寿者です。科学的根拠のある分類だと信じます」

第二は、近くの村の中学校の校長ビジャニア先生の話。

「私の父親は一九五三年に百四十七歳で死にました。私はいま三十七歳です。はい、ですから私が生れたのは、父が百二十歳のときなのです。母はそのとき四十八歳でした。父の四度目の妻だったんです。私が末っ子で、私には九人の兄と姉がある。いちばん上はたしか九十二歳です。父の二度目の妻の娘だってきいていきいています」

第三に、ホテルの支配人の話。

「アブハージアでの一九六四年の最大のニュースはなにか」という私の質問に、しばらく考えてから、彼は答えた。「そうですな、やっぱり、十月の収穫祭の時の競馬大会でしょうな」

別に、その時、なにか事故があって何十人か死んだとか、そういうニュースなどではない。ただ「競馬大会があった」そして「おもしろかった」それは「毎年一度やる」

ほかに事件も騒ぎもなにもない。そういう国なのだ。

## こんにちは！　百十六歳翁

アブハージアでの二日目、私たちはスフミの町から五十キロほど離れたジゲルダという農村に招かれた。百十六歳の長寿者とそこで会った。シャルマット・イスシロビッチ・タイブと名乗る。もし今日、クリミアの別荘に「桜の園」の作家チェホフが生きていると仮定しよう。しかもジゲルダ村のタイブ氏はチェホフより十歳の年長である。

タイブ氏とは牧場の丘の下のリンゴ園で会見した。タイブ氏は黒ずきん、黒い毛皮のマント、黒い皮の長ぐつ、真紅の絹のルパシカ、腰に短剣をつるしていた。アブハージアの古い民族服だ。

おじいさんの一番古い記憶はなんですか――

「トルコとロシアの戦争だ」

いくつのときですか――

「五つか六つだ。この村で戦争があったわけじゃないが、村の人はみんな戦争に行った。大ぜい死んだ」

子供のときのうれしかった思い出をひとつ――

「競馬だ。村中の人がこの丘の上に集った。十一歳のとき、はじめて競馬に出て勝った。馬を一頭もらった」

アブハージアの長寿者はロシア語を解さない。ひとりの通訳が、まずアブハージア語をロシア語に移し、別の通訳がそのロシア語を日本語に移す。百十六歳のタイプ氏の言葉づかいが骨だけしか伝わらないのは残念だ。しかし、わがアブハージアの最大のニュースが百年前も、今日も競馬であることだけは、これでのみ込めた。

結婚は――「四十歳のとき」

こどもは――「十一人」

孫は――「三十九人、いや四十九人だ」

ひまごは――「忘れた」

生涯でいちばんうれしかったことは――「一九四五年五月九日。戦争が終ったときだ。もうこれで戦争はない」

タイプ氏のまっ白なハダに、ホオのあたり、バラ色の血が浮いていた。大きな手の強い握手だ。百十六歳の手は、乾いていて、すこし冷たかった。

アブハージアでのごく短い滞在の間に、私たちはジゲルダとドリプシの二つの村で十人あまりの百歳以上の長寿者にあった。そのうちの二人は孫たちに肩を抱かれて歩いていた。三人はツエをついていた。しかし、私たちが見たかぎり、腰が折れ曲っているとか、歯がない、耳が遠い、その他よぼよぼという感じの長寿者は一人もいなかった。

男も、女も、長寿者はたいへん姿勢がいい。タイプ氏がその代表であるが、多くの長寿者は、誇らしげに、肩をふらんばかりにして、ゆっくり、ゆっくりとコーカサスの野を歩く。

# ケツバ氏の堂々たる家で

ジゲルダ村で、私たちはケツバ氏の家に泊めてもらった。ケツバ氏の家は三むねあって、そのうち一番床の高い、ほとんど二階家のようなレンガづくりの一むねに通された。農家というよりは、やかたである。厚い敷物の上のピアノや家具はみがきあげられていた。

主人のメドジッド・マホメドビッチ・ケツバ氏はおしゃれだ。五十三歳、鋭い目をひからせ、やせ型の長身に仕立てのよい黒の背広がよく似合う。父親のマホメッド氏の方は農民らしく、身なりを構わない。百八歳ときいた。ぽつり、ぽつり、マホメッドじいさんは語った。

「いまはごらんなさい。私はこんなりっぱな家に住んでいる。むすこたちにも次々に家を建ててやった。むすこたちはみんな、自家用車と電気冷蔵庫を持っている」

「そうだ」と、むすこのケツバ氏は父親の肩を抱き、歌うように言葉を続ける。「いま、私たちはしあわせに暮している。なぜか。それは遠い昔からのこの老人たちの労働のお陰だ。私たちは豊かだ。まるで資本家のようにみちたりている」

そのとき、ケツバ氏は少し酒に酔っていたはずである。しかし、最近までコルホーズ（集団農場）の委員長を勤めていたというこの人の「資本家のように豊かだ」という言葉づかいがおもしろかった。

コルホーズからの分配金のほか、個人所有の果樹園や茶畑の売上げを合わせると、年間三万ルーブル（日本円で千二百万円）ほどの収入になるという。ジゲルダ村では、これが中ぐらいの収入で、半分以上の家が乗用車を持っているともきいた。それは現在、決して楽ではないソ連農業のなかでは、このコーカサスだけの特異な風土であるらしかった。

特異な風土はまだある。例えば、夜の宴会の席に婦人たちがすわらないというふうだ。日本的な男尊女卑ではないそうだけれど、奥さんも娘たちももっぱらお給仕役であった。

ケツバ氏夫人シューラさん。無口で、やわらかな微笑の持主だ。その母親ミヌーシャさん。百歳。黒ずきんのしたは、びっくりしたような目付きの美しいおばあさんである。

「おばあさんも百五十歳まで長生きですね」と私は声をかけた。

「いくつまで生きられるかね。アラーの神様だけがご存じだよ」とおばあさんは答えた。

## 長寿の妙薬「チャチャ」

「さあ、日本のお客さんがた。これ一杯で十年は長生きできますよ」と、ちいさなグラスに注がれた薄茶色の液体があった。

村の長老たちをはじめ、村ソビエト議長、地区共産党委員長、アブハージア政府の役人たちが勢ぞろいした歓迎の宴会の席である。

いくつもの大サラに盛りあげた骨つきの牛肉は、たっぷり一頭分はあった。カスピ海のチョウザメ。日本のお供えモチのように大きなチーズ。からみのきいたトリ肉。山盛りの赤大根や長ネギ。美人の村娘たちが注ぐ、かおり高いブドウ酒。

百歳以上の長寿者たちによる、息のながい英雄叙事詩の合唱もあった。山で呼ぶヨーデルのような部分と美しいハーモニーとが入りまじる。急に調子が早くなる。こきざみに長グツをふみならす民族の踊りだ。テーブルのグラスが踊り、家もゆれんばかりである。

さて「一杯で十年」のグラスに、私たちは手をつけた。アブハージアでは、一度手にしたさかずきは、底までほさないとテーブルにもどしてはならない。

もし、ほのおをなめることができたら、こんな味がするに違いない。アルコール分九〇度。トウガラシかなにかを加えた地酒であった。「チャチャ」と呼ばれる。

きまりの悪い話だけれども、この一撃で私はぶっ倒れた。翌朝までの記憶はなにもない。

## からっぽの大型トランク

用意した大きめのトランクはからっぽのまま、私たちはアブハージアをたつ。しかし、わずかにシチナワ博士の研究成果を写しとったノートがここにある。十年余りにわたって、博士が集めたアブハージア長寿者の診断と観察の記録のなかには、長生きするための教訓が含まれているように思う。旅の終りに、それを要約しよう。

まず、特定の人種や民族だけが百歳以上の長寿を保つことができるという考え方には、科学的根拠はない。現に、アブハージア民族の平均寿命は、全ソ連の平均寿命とほとんど差がない。また、遺伝や金持か貧乏かの問題も長寿とは直接、結びつかないとのこと。

長寿に必要な絶対的な条件は、よく澄んだ、きれいな空気だ。科学的な調査の結果でも、海と山とに近いコーカサス地方は理想的な条件に恵まれている。

アブハージア長寿者の食物は乳製品が大部分だ。牛乳、チーズ、ヨーグルト。バターは食べない。ブドウ酒は一日、二杯まで。タバコは老年になるとやめる人が多い。

若いころからの、軽すぎも重すぎもしない多種類の労働。それには農業が最もふさわしく、百歳を越えても軽い労働を続ける。

長い生涯には多くの心配事がある。しかし、勇敢にこれを乗りきり、同時に忘れることもできる、朗らかな性格。強い神経。

最後に、長寿者を囲む家族や隣人たちの、あたたかな心とユーモア。「これなしに老人は生き続けることはできません」と、シチナワ博士は力説するのだった。

## アブハージアの長寿者調べ

ソ連の学界は一九三七年から三八年にかけて、最初の学術調査団をアブハージアに送り、四十人の長寿者について調査した。戦後は、キエフに長寿医学専門の研究所が生れ、一九五九年から六〇年、全ソ連にわたって八十歳以上の老人ひとりひとりについての詳細な診断、年齢の確認、聞き取り調査を行っている。

このときの調査によると、アブハージア共和国で八十歳以上の老人は五千九百人、九十歳以上の長寿者は千七百七十五人、百歳以上が三十七人あった。当時の最高齢者は百三十四歳のS・アルトウであった。アルトウは間もなく死去した。

また同じ調査で、人口割りにしてもっとも長寿者が多いのはアゼルバイジャン共和国のカラパスカヤという民族であること、アブハージアは四番目であること、全ソ連を通じて長寿者が多い地区は圧倒的にコーカサスであることがわかった。

これらの学術調査にあたって、長寿者の年齢確認は①古い教会の出生証明ないしは結婚の記録②こども、孫、ひまごなどがあるときは年齢の逆算による推定などの方法が使われたという。

（一九六五年一月一日朝刊）

# 革命までの七百三十歩——世界名作の旅・ロシア

## 罪と罰　フョードル・ドストエフスキー

小さな悪は、百の善行によってつぐなわれる。百千の有益な事業や計画の成就に使うのならば、社会的に無価値な人間の金を奪うことだって許される。あるいは、そいつの生命を奪うことも。……不遜な「殺人の哲学」にもとづいて、貧しく虚無的な大学生ラスコールニコフは、夏の日、金貸しの婆さんと、その善良な妹までを巻きぞえに殺し、金品を奪った。

斧《おの》の一撃は、無価値な老婆の生命を奪った。が同時に、彼自身の「哲学」をも打ちくずした。盗品は、計画した有益な事業に使うどころか、道端に捨ててしまう。耐えがたい苦悩におそわれ、心身ともに消耗し、錯乱する。そのうえ、判事による巧妙な心理的追及は日増しに厳しい。

そんなとき、顔見知りの酔いどれ小官吏が馬車にひかれて死ぬ事件がおこった。その娘で売春婦のソーニヤをラスコールニコフは知る。反逆者だった彼とは反対に「すべては神の御手にある」と、ソーニヤは信じている。

ラスコールニコフは、追いつめられた末に、このソーニヤに一切を告白し、彼女のすすめに従って自首する。

処女作『貧しき人々』で一躍流行作家になったドストエフスキー（一八二一―一八八一）は、二十八歳のとき、ある革命団体に関係して投獄された。死刑を宣告されるが、銃殺寸前にゆるされ、十年間、シベリアに流された。流刑地で手にした唯一の本が聖書だった。ペテルブルグに帰ったとき、彼は、人間の救いの道は神であると説き、もはや社会主義や革命を信じてはいなかった。

『罪と罰』『白痴』『悪霊』『カラマーゾフの兄弟』など、その後のすべての作品の主題は、異常な事件を通じての革命的反逆者とキリスト教の愛の具現者との、陰鬱で苦悩にみちた戦いに終始した。『罪と罰』のラスコールニコフも、シベリアでソーニヤの愛と福音書に救われ、徐々に更生していくところで、恐ろしい物語を結んでいる。

しかし、作家ドストエフスキーは、ついに救いのない生涯であった。頭痛持ちで、乱費家で、病的なとばく熱にはとりつかれ、終生、借金とりに追いたてられながら、これらの傑作を書き残した。作中人物のだれよりも、最も悪魔的人物、それは作家自身だったかもしれぬ。

「道のりは幾らでもなかった。家の門口から何歩あるか、ということまで彼は知っていた。――きっかり、七百三十歩。いつだったか、空想に熱中していたとき、一度それを数えてみたのだ」（米川正夫氏訳『罪と罰』）

同じ道を、私も一歩一歩、数えながら、あるいてみた。「S横町から」……「K橋の方へ」と、ドストエフスキーは書いている。そのとおりに私も足を向けた。センナヤ（乾し草）広場に出る道だ。しかし、私の歩数は、たちまち一千歩をこえた。道が違うらしい。

その日、途方もなく暑い七月初めの夕方、ラスコールニコフは質草に銀時計をもって、金貸しのアリョーナ婆さんの部屋にいく。殺害計画の最後の瀬踏みだった。計画は一カ月かけて決めた。すべて算術のように正確に、コトは運ぶはずであった。S横町の彼の下宿から婆さんの家の門口まで——きっかり七百三十歩。

二度目、道を変えた。エカテリーナ運河に沿って、河岸通りを私はいった。……違う。やはり途中で一千歩をこえてしまった。

そんなはずはない。

いったい『罪と罰』のなかに出てくるペテルブルグの町名、地名、建物の描写などは驚くほど正確だという話を、こんど、この町に来て、私は聞いた。S横町とはスタリアールヌイ横町であり、K橋は、エカテリーナ運河に今もかかっているコクーシュキン橋である。いうまでもなく『罪と罰』は架空の物語だけれども、作者の正確な描写から逆算することによって、ラスコールニコフが住んでいたアパートはこの建物、ソーニヤの家はここ、金貸し婆さんがいたのはこの家、ひとつひとつモデルを指さすことができる。ぜんぶ、近年、多くのドストエフスキー研究者が実地に調べていて、もう議論の余地もないくらいだという。

研究書の一冊を手にして、私はラスコールニコフの下宿の門口に立った。そして、金貸し婆さんの家まであるいた。この道をあるきながら、ラスコールニコフの心に殺人の哲学が熟していった。世界文学史上の傑作は、この七百三十歩から、はじまる。ドストエフスキー自身、これは何度もあるいて測ったに違いない。七百三十という数が、いい加減であるはずがない。むしろ、これこそ算術のように正確無比でなければならない。私は、そう信じていた。

三度目は、八百何歩か、までいった。惜しい。もう少しだ。けれど、おかしいじゃないか。三度目、私は最も近い道をひろって測ったのだ。ぎりぎり、これ以外の抜け道は考えられない。いったい、数十歩の食い違いは、何だろう。

ロジオン・ロマーヌイチ・ラスコールニコフが下宿していた家は、黄色い壁の五階建てだった。一階は、今は半分地下室の食料品店で、マガジン・NO・26という表示があった。中庭にはいってみた。壁の古レンガがむき出しだ。板を打ちつけた窓もあった。小屋がある。物置か石炭小屋のようであった。ラスコールニコフが、そこから凶器のオノを盗みだした庭番の小屋だったかもしれない。屋根裏の五階まで階段をのぼった。カンオケのようなラスコールニコフの部屋は、黒いトビラを閉ざしていた。

金貸しのアリョーナ・イワーノブナの家はくすんだ赤茶の壁の六階家で、エカテリーナ運河に面していた。ところどころ壁がハゲている。門口に、白墨の落書きがあった。НИНА（ニーナ）。女の名だ。婆さんのアパートは四階である。暗い階段を上った。おどり場に薄明るい裸電球がぶらさがっていた。一段一段、石は欠け、手すりの鉄が、ひん曲がっていた。トビラに古風な呼びりんがあった。物語の恐怖の舞台は、いま、ひっそりとしていた。赤ん坊の泣き声がきこえた。甘えているような、やわらかな声だった。

ソーニヤ・マルメラードワの家は、黄色い壁で、やはり運河に面している。三階建てだった。殺人者と売春婦とは、白夜ここで、福音書のラザロの復活を、ともに読む。ラスコールニコフは、罪を告白した。ソーニヤは、小さな叫び声をあげた。木の葉のように、ふるえた。しゃくりあげながら彼を抱きしめた。いま、エカテリーナ運河は凍りついている。反響のいい石の町に、ハトの羽音がひびく。遠くで、子どもの歓声がした。

センナヤ広場。

近在の農民が集まって乾し草を売る広場であった。農奴を売買する市もたった。商人のガラクタ市も、かいわいにあった。罪を告白したラスコールニコフは広場の真ん中にひざまずき、汚い大地にせっぷんすると、真っ直ぐ警察をさして歩いていった。広場はいま舗装され、市場は裏手のビルのかげのバザールに移った。やはり近くのコルホーズ（集団農場）から農民が集まって、肉や野菜を売っていた。いも、にんじん、りんご、干しきのこ、豆。「ソニー持ってるか」と、いちど声をかけられた。ヤミ屋ででもあるらしかった。男は昼間から酒くさかった。あちこちの人だかりは何だろう。人々の帽子や肩を粉雪が白く染めていた。それでも人だかりは動かなかった。救急車が、時おり、広場を走り抜けていった。

ところで、レニングラードのこの古い下町について、今日の印象をひとくちでいえば、もう何も彼も、すっかり、根こそぎ変わってしまっているのだ。ただ一点、十八世紀以来という大きな石造りの家並みと、道路や運河の陰影を除いては。

ラスコールニコフは破れ帽子にボロをまとってあるいた。『罪と罰』の時代には、ボロが少しも目立たない、ゴミゴミした町だった。それが今は、表通りのネフスキー大通りでのように着飾ってこそいないが、年寄り、子ども、さっきのヤミ屋にしても、みんな血色はよく、きちんと外套《がいとう》のボタンはかけ、胸をそらし加減にしている。とてもボロではあるけない。

いたるところに地下室の居酒屋があったはずだ。横町は不潔をきわめ、悪臭にみちていたはずだ。ずいぶん捜したが、居酒屋は今はない。表通りの高級レストラン以外は、町でウオツカは飲めない、と聞いた。喫茶店でもタバコを喫うことは禁じられている。道に吸いがらひとつ落ちていない。窮屈なくらい禁欲的な気配である。

昔、あたりは職人、職工、大道芸人、こじき、売春婦なんかが、かたまって住んでいる地区だった。今は、恐らく単に労働者、勤め人のアパート街なのであろう。かどに、赤旗と労働英雄の顔写真が飾ってあった。建物は古いけれど、通りに面した壁は二年に一度はペンキを塗り直すそうだし、日曜の夜、行楽帰りのスキーをかついだ家族連れを見かけた。窓ごとにレースのカーテンがあり、草花のハチを置き、乳母車がかよい、屋上は、見渡す限りテレビアンテナの林だ。

町や通りの名が、また、ほとんど変わっている。ラスコールニコフがいたスタリアールヌイ横町が今はプルジェワーリスキー横町、エカテリーナ運河がグリバイエドフ運河、近衛騎兵並木道が労働組合並木道、それから、ラスコールニコフが、そこでネバ川の壮麗なパノラマをみるニコラエフスキー橋が今はシュミット大尉橋……といったふうだ。

『罪と罰』を読めば、どうしたって、センナヤ広場の名を忘れることはできない。それさえ、今はない。数年前に改称したばかりで、平和広場という。

町名、地名のこういう改廃を悲しんでいる市民が多かった。歴史的な名を、なぜ変えるのか。だいいち不便で仕方ない。いえ、私は一向こまりませんよ、だって、みんな昔の名を知っていて、今も昔の名で呼んでいますからと、皮肉をいう老人もあった。

考えてみれば、しかし『罪と罰』の時代から、百年だ。ちょうど真ん中あたりに、この町の市民が火をつけた革命がある。

貧乏、飢え、病気、不潔、悲惨、退廃、恐怖、屈辱、金切り声、なみだ……。まさしく『罪と罰』でドストエフスキーが洗いざらい徹底的にあばき出した、これら一切合財のものから、きれいさっぱりロシアは縁を切らねばならない。革命の意図と、革命後の長い努力は、そこにあった。

町名の改廃だって、きっと、そうなのだ。ペテルブルグがツァーリの記念碑ならば、レニングラードは革命の記念碑である。残酷な農奴制の思い出がつきまとう「センナヤ」を「平和」と改めたのには「苦労して、今ようやく、ここまで来た」という市民の感慨がこもっているに違いない。

ラスコールニコフは、金貸しのアリョーナ婆さんを殺した。すぐにシッポを出してしまったけれど、これとて、どう改めようもない現実への抗議の一撃だった。たけり狂った良心の実験だった。

ラスコールニコフの七百三十歩を、もっとずっと突きつめていけば、何歩目かに、それは革命にもつながるはずであった。

さて、その七百三十歩である。最短距離を測ってあるいて、どうしても八百歩をこえる。なぜか。

……私も、その先を突きつめなくてはならない。

博物館にいった。十九世紀なかばごろのペテルブルグの地図を調べた。当時と今と、道路に寸分も違いはなかった。するとラスコールニコフの家と金貸し婆さんの家とを示した私のテキストが間違っていたのか。でなければ、あと、考えられることといえば、私の歩幅がラスコールニコフの歩幅より、いくらか狭いのだ。

もういちど『罪と罰』をひらいた。ドストエフスキーは書いている。

「彼（ラスコールニコフ）は、美しい黒い目に栗色の毛をした素晴らしい美男子で、背は中背より高く、ほっそりとして、かっこうがよかった」

あくる日、もう一度、私は測り直した。歩幅をだんだん、ひろげていった。ひと足ひと足、ひろってあるくことになる。凍りついた石畳で、一度、私は足をふみすべらせた。つまり、身長百七十何センチかの私が、かなり無理な歩幅であるいて、ようやく何度目かに、七百三十歩に近づいたのだった。ラスコールニコフは少なくとも百八十センチ以上の背丈があった。長いコンパスで、しかも、その時、ひと足ひと足、ゆっくりと、考えにふけりながら、七百三十歩をひろいあるきしていった……。

これが、私の推理である。

（一九六五年三月一四日朝刊・日曜版）

# 韓国　こころと土と〈1〉

## 日本が見える　複雑な民衆の心　反日の歌・生残る日本語

よく晴れた冬の日、釜山の竜頭山公園に立つと対馬がみえる。

韓国は、そして釜山は、いちばん近い外国の港である。釜山まで、飛行機だと福岡から四十分でいく。私は下関から船で、ひと晩ゆられて渡った。

桟橋から、さっそく竜頭山公園への石段をのぼった。かすかに繁華街のざわめきが聞え、向うに、海峡は晴れていた。対馬は、ほぼ真南であった。逆光が、まぶしかった。そのせいでか、その日、日本の島のかたちは、はっきりしなかった。

公園に、いくつもの記念碑があった。黒い大きな李舜臣の像と、朝鮮動乱のときの忠魂碑と、四・一九学生革命の犠牲者慰霊塔と。それから、むきだしの高射砲の砲座と。

むかし、ここに神社があった。むろん今は、跡かたもない。

黒い李舜臣の像は、荒涼無残なハゲ山の突端に立ち、また、木枯しが吹抜けた跡のような山沿いのスラムをしたがえて、対馬をにらみすえていた。

李舜臣は、秀吉の朝鮮征伐のとき、この国の危急を救った水軍の名将である。韓国史の知識に乏しい私にも、それはわかった。

ところが、柳寛順となると、もう私には、何もわからない。

たまたま、公園でナワ飛びをしながら子どもが歌っていた、やさしい旋律の歌詞をたずねて、初めて、私はその名を知った。

「柳寛順のうた」というのであった。

弥生の空を静かにあおげば
柳寛順さんを思い出します
監獄の中でも万歳をとなえ
青空をあこがれて息絶えた…

一九一九年三月一日、日本の支配時代最大の民族独立運動がおこった。独立万歳をさけぶ民衆の示威行進は、当時の京城から全土にひろがった。一女学生だった柳寛順も、行進の先頭に立った。ある日、日本の官憲につかまる。そして、猛烈な拷問のすえ、獄中で死んだ。

「柳寛順のうた」は、小学校三年でならう。けれど今は、学齢前から韓国の子どもたちの、いちばんの愛唱歌のひとつになっているのだった。

李舜臣と、柳寛順と。

旅の第一日の印象記にしては、つくり話めいていると思われるかもしれない。しかし、たとえば、この正月の首都ソウルをたずねてみるとよい。目抜き通りの国立劇場のだしものが「李舜臣」であり、市民会館で特別上映しているのが総天然色シネマスコープ「柳寛順」である。日本の憲兵による民衆殺傷の場面がスチール写真になっている。「殉国少女」柳寛順の白いひたいは、打たれて血をふいている。

町におりた。

韓国の、ほかのどこでよりも、釜山は日本語で話ができる町だ、と聞いた。日本でと同じように、日本のラジオが聞える。テレビも見える。毎朝、オンドルに火を入れると、夫婦でＮＨＫの「たまゆら」をみる、という一家があった。やっぱり日本は近いのだ。

日本料理の店にはいった。サシミ、オシボリ、ワリバシ。日本語が、ほとんど韓国語になって、そのまま使われていた。

ヘソクリ、もそうだ。それを、すっかり韓国語だと思っている若い主婦がいて、私にきいた。

「ヘソクリのことを、日本語でなんといいますか」

それから、ベント（弁当）、店仕舞いのシマイ、ひとを呼びつけるときのオイ！

二十一年間、独立と反日と、動乱や革命を経て、いま生残っていた日本語たちが、ひとつひとつ、なにか、かなしい。

港の近くでも、高射砲の砲座をみた。砲は北の空をねらっていた。竜頭山公園のは、南の空だった。

土ノウのかげで、兵士が電話機をにぎっていた。対空実戦さながら、であった。

不意の敵襲に備えて、だろうか。そんなに緊迫した何があるのか。それにしても、この、むき出しようは何だろう。軍の、一種の宣伝なのか。まさか、反乱、暴徒への威カクではあるまいな。ふと、そんな無礼な想像もしてみた。

北への警戒は、この半島南端の町でも、おそろしくきびしい。

朝、港の税関で、私は、持っていた本を調べられ、一冊「日本と朝鮮」という本を、とりあげられた。韓国で「朝鮮」といえば、今は、北の朝鮮人民共和国を意味する。書名だけをみて、忠実な港の税関吏は、北からの政治宣伝をふくむ何か危険な本だと、そう、判断したらしかった。

同じく一日目の夜、私は、ホテルで警察官の臨検をうけた。夜の十二時以後は通行禁止である。

韓国の夜は、海のように暗い。

（一九六六年一月四日夕刊）

# 南ベトナム　心と土と〈1〉

## 戦乱とチグハグ　あでやかなアオザイ姿

### サイゴン空港

積乱雲の群れをぬい、たれさがった雨雲の下をかいくぐって、サイゴン空港におりる。ああ、戦場だな、とおもう。

戦闘爆撃機、大型ヘリ、輸送機、どすぐろい迷彩をほどこした、その他いくつもの機種が、空港いっぱい、こぼれ落ちそうなほどである。爆撃機の翼や胴に、ロケット弾やナパーム弾が大トカゲのようにはりつき、まわりに土のうを積んで兵士が機関銃を構えている。

雨あがりの空港は、おさえつけられるような重たい熱気であった。タラップの下に案内の少女がいた。アオザイ姿だった。まぶしいコバルト色である。制服らしくて、空港のあちこちで、長いすそが、ひらひら、水たまりに影をおとしていた。

戦闘機や機関銃やの森を、小柄なベトナム娘のアオザイがいく。あでやかで、かれんで、花のような気品もあった。しかし、それよりも、爆弾とアオザイと、この不釣合いさ加減は、どういうことなのだろうか。

二週間あと、空港はベトコンの迫撃砲を浴びる。やはり、ここは戦場なのだ。飛行機二十八がこわれ、死傷者百六十をこえ、ガソリンタンクは炎上した。そして、そのあくる日、まだ血のにおう空港を、コバルト色の小さな妖精《ようせい》たちが、無表情に、ひらひら、歩いているのだった。

アオザイは、ベトナム語で「長いきもの」という意味だ。中国ふうの高いえり、手首までぴったり包んだそで、長いすそが腰の両わきまで切れあがっていて、したは、ゆったりしたズボンである。

## ふだんの町着

空港でアオザイをみたとき、はじめは、ちょうど日本航空の乗員が振りそで姿をみせるように、外人客向けの特別な飾り着か、ともおもった。ところが、そうではなくて、アオザイは、ごく普通のベトナムの町着なのだった。銀行でも役所でも、女はアオザイを着ている。市場の女、学校の先生、女学校の制服、みんな、そうだ。

美しいし、また、女はたいへんおしゃれである。「戦乱のベトナムで」というつもりで見るから、いっそう、おしゃれが目につくのかもしれなかった。サイゴンの小学校で、若い女教師たちが、耳飾りをつるし、ツメをのばし、ハダのすけるような薄いアオザイに、かかとの高いサンダルをはいていた。

日本では、戦争中、モンペをはきゲートルをまいた。ああいう硬直した戦争と、ベトナムの戦争とは、どうも様子がちがう。

反政府運動に加わって射撃訓練まで受けたというユエの女子学生が、やはり、ツメを長くのばしていた。純白のえりもとに小さなマークをぬいつけ、純白のズボンのすそにはレースをかがって、小さなカカトをかくしていた。「睡蓮《すいれん》のようなカカト」という形容詞を、ベトナム人はつかう。

デモにだって、おかみさんは、ひきずるようなアオザイでいく。農民の働き着もアオザイである。黒いアオザイを、農村では男もきる。アオザイは、けっこう、これで活動的なのだ。アオザイの女学生は自転車にまたがり、アオザイのデモ隊は実に機敏に勇敢に催涙ガスの弾幕をかけ抜け、アオザイの農夫は市場にいそぐとき、女でもスルリと窓からバスに乗込んだりする。

## 中国から伝来

五百年あまり昔、明の支配をうけたときに中国から伝わった。中国のきものは清の時代に今のチーパオ（旗袍）に変った。本国では滅びたのが、ベトナムでは民族服になって生残った。八十年間のフランスの欧化政策を経て、古い伝統を守り続けた。そしていま、女は、戦争にでも、これだけはゆずらない。

アオザイ姿はのどかで、どこか投げやりなふうでもあった。

みていて、ときどき私はおもったものだ。ベトナム戦争というのは、あんがい平和ないくさかもしれないな、と。

たしかに、町にも村にも若い男は少なかった。工場や農家の手不足は深刻だし、未亡人、孤児、難民の数はふえている。けれども、ベトナムは決して、しぼんだり、しょげたりばかりは、していなかった。だいいち、村という村、都会の路地という路地、小さな子どもたちの、あきれるばかりの数である。これは、どういうわけだろう。

月にいちど、兵士が休暇で家にかえるのだ、と聞いた。夫は隣村で戦争している。遠くても陸続きの国内だ。ときには妻が会いにでかける。米や鶏をさげていって、兵舎とか草むらで会う。

「会って、泣くんです」

といって、それまで笑いころげていたダナンの農家の女は、急におさなげな顔をふせた。

――ホン・ボン・フ

南ベトナムで、いま「ホン・ボン・フ」という歌がはやっている。戦場の夫の帰りを待つ、女のうたであった。人力車の車夫が知っていた。子どももうたっていた。平和運動家の集りでも、アメリカ兵ばかりの酒場でも、消えいりそうな哀切なふしまわしを、よく聞いた。

サンサン、サンセホス、サンサンサン

村を出ていく夫の馬車の鈴の音の繰返しがあって「……もう、どれくらい時がたったことだろう。女は子どもを抱いて、待つ。何千年でも何万年でも待つ。待って待って、女と子どもは、とうとう、硬い石の像になってしまう」

というのであった。

（一九六六年六月一〇日夕刊）

# パリ—東京——世界の首都・第一信

## 朝 サントノーレ通り

いも・赤かぶ・にんじん・れもんの袋づめや木箱が山と積んで広場にあふれている。牛の首が切落されて血の海でごろごろしている一かくもある。あいだの暗がりを手押車や三輪車がかけ抜ける。午前五時、教会の時鐘が鈍く短く未明の石の広場にひびく。

通りのかどで女がにんにくのたばを売っている。古風な天びんがある。うしろは木の実類の箱をならべた店で、店の肩の壁に紺色の町名表示板が打ちつけてある。サントノーレ通り、と読取れる。表示板は片方のくぎが抜けて傾いている。

サントノーレ通りは中央市場のこの乾物屋のかどに始って、ほぼ真西へ、セーヌの流れと並行して下る。七メートルほどの狭い道幅も路面の石畳もでこぼこしている。市場のにぎわいから通りにはいると、両側に黒い家並みが迫って、やみに吸込まれるようである。延長約四キロ、東半分がパリ一区をつらぬく古いサントノーレ通り、西半分がパリ八区の新しいサントノーレ通りで、フォーブール

（城外）サントノーレと呼ぶ。

通りに電柱がない。街灯は家並みの二階の壁から腕を突出している。新しいサントノーレ通りに近づくにつれて幾らか道幅がひろがり、七階から八階の家並みもそろい、次第に町は明るくなる。商店の飾窓の灯がふえるからである。飾窓の灯は終夜どの店も消さない。

家具・古美術・貴金属・敷きもの・画廊・香水・毛皮・婦人帽・皮のエルメス・くつのジュルダン・首飾りのカリータ・高級衣装のシャネル・ランバン・フェロー・サンローラン・カルダン。

パリいちばんの豪華なおしゃれ専門店街として、この通りの名は知られる。夜勤の警察官が飾窓をのぞき込んでいる。服飾店の並びに仏大統領官邸のエリゼ宮や内務省・英国大使館があって、パリで最も警察官の数の多い通りでもある。エリゼ宮の金ピカの衛兵は、ひと晩中、筋向いのサイケ模様の飾窓のなかの全裸のマネキン人形を見て立つことになる。

午前六時、市役所の清掃作業車が通る。歩道のポリバケツのゴミを一台三人ずつの男が集める。カフェーが開いている。早い勤め人が手袋のままコーヒーをのんでいく。市場から赤い車でチーズが届く。パン屋も開いている。少年が棒のようなパンを配達かごに入れて店から出てくる。郵便配達が、この時間に通る。まだ真暗な通りを乳母車を押していく婦人がある。家具商の年寄り夫婦が大理石の床や飾窓のガラスをみがき始める。

七時、エリゼ宮に灯がつく。からになったポリバケツが次々に店やアパートに取込まれた後に、ほうきを持った黒人の道路清掃人が現れる。道端のせんをあけて、歩道と車道の間のみぞに水を流す。水はかろやかに一区画ほど流れ、白みかけた空をうつして下水の穴に落ちる。八時、カルダンの店の二階に灯がつく。カーテンの奥で女たちが働きだす気配である。

中央市場ほどの活気からは遠いが、おしゃれ通りもまた早起きで働きものの町であった。

（一九六九年二月一六日朝刊）

# ニューヨーク―東京――世界の都・第二信

## 白い馬の騎士

若さ、育ちのよさ、ハンサムで、弁は知的で鋭く、金持党といわれる共和党に属しながら進歩的思想を持ち、また、なによりも黒人や婦人青年層との間に一種神秘的な心のふれあいを結ぶことができる新しい型の……。

ニューヨーク市長ジョン・V・リンゼー氏の、そういう顔かたちを評して、ひとはよく『共和党のケネディ』と呼ぶ。やがて彼も大統領の栄職を射止めることだろう、というのである。

一九六五年秋、連邦議会の下院議員だったリンゼー氏は、四十三歳の若さでニューヨーク市長選を争い、接戦のすえ二十年来の民主党の堅塁を破って当選する。そのころの記事によると、氏は、ニューヨーク市を危機から救い出すために「白い馬にまたがってワシントンから駆けつけた騎士」であった。市の機構改革、貧困対策、精力的な市民との対話、とりわけ氏の就任後ニューヨークでは一度も黒人暴動が起らなかった。全米的にリンゼー市政の声価は高い。

しかし、当のニューヨーク市民の間での評判はとなると、また別なのだ。この町の市長がどんなに大変な職であるかは、いくつかの数字が示している。

▽一九六八年ニューヨーク市犯罪統計（かっこ内の倍数は東京との人口割比率）……殺人九〇四件（東京の六・七倍）強盗五四四〇五件（一五七・一倍）傷害二八五一五件（二・三倍）窃盗三九七三二六件（三・五倍）婦女暴行一八四〇件（六・〇倍）

東京の一年分の強盗事件がニューヨークでは二日と六時間余りの間に起る。殺しの数が同じ年の交通事故死者（ニューヨーク八四七・東京七一六）より多い。どうやって市民を犯罪から守るかが、市政の緊急最大の課題であった。大きな暴動こそないが、しかし、リンゼー登場後も年々驚異的な被害のふえようである。『無能なリンゼーを放り出せ。……安全な町を要求する市民運動本部』という大きな看板を市役所の筋向いで見た。

「なにもハンサムな騎士じゃなくたっていいのよ」と本部員の娘さんがいう。「夜道の安全さえ守ってくれる市長さんならフランケンシュタインでも歓迎するわ」

▽ニューヨーク市から生活保護費の支給を受けている貧困者人口。この二月末で百万人を越えた。市民八人に一人という高率である。東京の一〇・七倍。

ひとつには、保護費が他都市よりも高くて、それで全米各地から貧者の群れを呼集める結果になった。「リンゼーのやつが」と、こういう調子で市長でも大統領でも、気に入らない政治家に対して情け容赦もなく市民は攻撃する。「黒人やプエルトリコ人ばかりを可愛がるからさ」

納税者の権利意識の強さである。市民の政治意識の全米的な保守化傾向もある。ばかりではなくて各人種間の複雑な偏見・差別・敵意がこの言葉の背景にある。
▽ニューヨーク市有権者人口のうちユダヤ系三一％、イタリア系一四％、黒人一四％、プエルトリコ人八％。また、市民四人に一人は外国生れだ。
市民の人種的多様さ、階層性ほど市政をむずかしくしているものはない。人種の問題は犯罪と貧困とに結びつき、さらにそれが政治的にどう屈折して、たとえば市職員組合の争議をこじらせたかは後で見よう。「都市問題」では生易しすぎた。「都市紛争」あるいは「都市内乱」という用語で、新聞は異常なこの町の緊張を描いている。
▽東京の一一〇番がニューヨークでは九一一番である。その一日平均呼出し回数一八二〇〇。東京一一〇番の二五・九倍。
イライラしているのだった。ニューヨークほど市民の顔のけわしい町は他にないだろう。おそろしい都である。去年、ベトナム政策で世論が分裂し、暴動・暗殺・デモが続き、以来ますます声高に市民は文句をいいはじめた。「およそ天候以外のすべてに責任を負わねばならない」のがニューヨーク市長職だといわれる。リンゼー氏は二月の大雪で「処置万事、最低だった」とたたかれる。その後は雪がちらつくたびに人々は市長に八つ当りしてこういうのだ。「おお、またリンゼーの仕業だな！」
市長リンゼー氏自身「あの『白い馬にまたがった騎士』という辞令はきらいじゃなかった」と白状している。しかし、氏は直ぐに悟った。「ワシントンで会った世界のどんな怪物よりも、ニューヨークはもっと大きな怪物だった、ということをね」

（一九六九年三月一六日朝刊）

# ニューヨーク―東京　ＯＬの一日――世界の都・第三信

## サリーと朝

サリーは朝はなにも食べない。七時に目ざましがなる。ベッドをたたみ、支度しながら、立って砂糖ぬきのコーヒーをのむ。化粧はしない。ごみバケツを廊下に出し、ドアに二重カギをかけ、せまい階段をおりる。かわいた音をたてて踏板がきしむ。

サリー・Ｄ・ウィリアムズ。二十六歳。ニューヨーク市九二丁目東五九番地。身長一七一センチ体重五二キロ。髪・ブラウン。目・あわいブラウン……と運転免許証にある。

昨秋おそく、ジョージア州アトランタ市からやって来た。職を決め、新聞広告をみて、この古い小さなアパートにはいった。四階、北向きの居間・寝室・バス・キチネット、敷金一カ月、家賃五〇四〇〇円。アトランタ市の二倍はする。初めて体験する北部の長い陰気な冬もこたえた。しかし、南部の眠ったような町と人と職とにあきあきして、選んでサリーはニューヨークに引越して来た。

アパートから九二丁目通りを東へ、ひと区画でパーク・アベニューに出る。一直線の長い大通りである。目のとどく限り一六、七階の黒い巨大な高級アパート群が両側に立並び、早春の朝の弱い日差しを通して、ビジネスセンターの超高層ビル街がかすんで見える。かすみの向うから遠い潮騒のような響きが伝わって来る。都会の音だ。東京でも皇居前広場で早朝か深夜かに同じ音がきこえる。

サリーは最初この音が気味わるかった。戦争か革命騒ぎでもはじまったかと足をとめた朝があった。今はなれて、この通りまで出て、この音をきいて、はじめて目がさめたような気がする。

ひと区画ごとに信号がある。「歩け」は緑、次に「歩くな」が赤で点滅する。かまわずにサリーは歩く。ハンドバッグと紙袋をかかえている。紙袋に、弁当のヨーグルト・クラッカー・チーズ・リンゴと、事務所ではき替えるパンプスがはだかで突込んである。

次第に通勤者の急ぎ足がふえる。あたりは、サリーと同じような独身の若いセクレタリーのアパートが多いので知られる。むろん表通りの高級アパート街とは縁遠いが。

八六丁目レキシントン街の地下鉄の駅まで、ひょろ長いサリーの足で七、八分である。


（一九六九年四月一六日朝刊）

# 自衛隊〈1〉

## きのうもきょうも　監視し待機して　世界の戦略体制の一環

昭和四十一年十一月八日——警視庁は「週刊現代」誌編集発行人の任意出頭を求めて調べをはじめた。同誌の記事「最低内閣の名を高めた不名誉大臣一覧」が防衛庁長官・上林山栄吉氏らの名誉を棄損した疑いである。

九日——航空自衛隊の対空ミサイル二個中隊は米国ニューメキシコ州マックグレゴール射場でのナイキ試射を終え帰国した。

十日——札幌地裁の「恵庭事件（注）論告公判で辻裁判長は検察側の求刑陳述を禁止した。

十二日——海上自衛隊の七日間にわたる「戦技」演習がおわった。艦艇二十四隻が参加して対空・対水上実弾射撃、対潜水艦攻撃などを行なった。

十三日——陸上自衛隊東部方面隊の五日間にわたる演習が終った。戦車六十台、ヘリコプター二十五機、八千五百人が参加した。

十四日――海上自衛隊の護衛艦七隻が松山沖の全日空機墜落事故現場に災害派遣された。
十五日――防衛庁は対空ミサイル搭《とう》載艦「あまつかぜ」を発射訓練のため沖縄に派遣すると発表した。沖縄原水協など諸団体は「沖縄をミサイル試射場として使うのは県民に対する侮辱だ。沖縄は二度と戦争の犠牲になりたくない」と抗議した。
十六日――航空自衛隊の三日間にわたる総合演習「オータム・フェスティバル」が終った。F104Jなど自衛隊戦闘機三百二十二機のほか、米第五空軍のF102戦闘機六機が沖縄から参加した。
十七日――早朝、航空自衛隊のレーダーは南千島から日本本土の東百キロ沖を南下する不明目標を発見した。北海道千歳、宮城県松島、石川県小松の三基地から迎撃戦闘機各二機が緊急発進したところ、目標はソ連爆撃機二機MYA4（バイソン）およびTU16（バジャー）であることを確認した。松島基地発進のF86F機が監視を続けた結果、ソ連機は房総沖で変針し東方に去った。
同日――警視庁は「週刊現代」編集発行人を名誉棄損の疑いで書類送検した。

## 二十四時間待機

以上は昨秋十一月の十日間に拾った自衛隊関係の主な行事、できごとの日誌だ。当時ニュースになったもの、全く報道されなかったものもあるが、ずいぶん活発に動いているもんだな、というのが第一の感想だった。

この十日間をはさんで、前後四カ月にわたって私たちは自衛隊を見て歩いた。

行事、できごとの日誌で区切られる動きとは別に、もうひとつ、そのかげで時間きざみ分きざみ、常時ぶっ通しで動いている自衛隊があった。

それは、例えばレーダー基地だ。捜索レーダーは一分間に五回転する。レーダー・スコープの蛍光《けいこう》色の針も一分間に五回転し、スコープの前にすわった監視員の顔と両目とが、また、ぐるりぐるりと五回転する。一日二十四時間が毎分五回転である。一年三百六十五日そうである。

稚内、根室の陸上自衛隊沿岸監視隊も二十四時間勤務だった。昔ながらの双眼鏡を使っている。海上自衛隊は聴音機と磁気探知機を海底に沈めて、津軽海峡や対馬海峡を通る潜水艦を監視していた。基地で待機する武装戦闘機には始動用電源が差込んであり、対空ミサイル部隊の発射台には燃料爆薬をつめた完成弾が載っている。

驚異と多少の恐れとを、ひとは抱くかもしれない。いま日本には差迫った外国からの脅威などは何もないはずだ。こうして一日じゅう監視し待機して自衛隊は何を果しているのか、と。

航空自衛隊の総隊作戦指揮所は東京・府中の米第五空軍司令部のなかにあった。ここでは自衛隊員と米軍人とが入乱れて二十四時間待機の勤務についていた。施設は共用、用語は英語、記録はグリニッジ標準時だ。そして日本全国および沖縄、韓国の監視網からここに集る情報のうち、主なものはハワイに送って米太平洋空軍司令部の状況表示板に表示される仕組みになっていた。

自衛隊と在日米軍との二十四時間待機は、グリニッジ標準時によってハワイの二十四時間待機に結ばれ、さらにハワイから東南アジア、アラスカ、ワシントン、欧州へと網の目は限りなくひろがるわけだろう。つまり自衛隊は、全世界的な戦略体制のなかで動いているのだった。

私たちが見た自衛隊の一面であった。

出動準備の記録

昭和三十四年十二月——北朝鮮帰還業務につくソ連赤十字船の新潟出港が迫った。これに対し韓国政府から帰還反対の強い抗議があり、在日韓国人の妨害運動は激しかった。不穏な情報も流れた。万一ソ連船に事故があったら国際紛争のもとになるだろう。海上自衛隊は掃海隊二隊を訓練出動させて近海を掃海した。

三十五年六月——安保条約阻止運動が頂点に達した。陸上自衛隊に対し与党筋から非公式な治安出動の要請打診があった。要請は拒否したが、首都警備部隊は、内輪で出動の準備をした。幹部は化学戦の応用を考えた。ヘリコプターで催涙ガスをまく。無害の悪臭ガスをデモ隊に撃ち込む。ものすごい音だけの弾を群衆の頭上でサク裂させる。

三十六年四月二十日午後四時半——韓国駐留米軍のレーダーが北朝鮮から南下して来る多数の不明目標を発見した。十分後、航空自衛隊は全レーダー基地、戦闘機隊に対し警戒態勢を下令した。三十分後、レーダーの誤認であったことがわかった。

三十七年十月二十三日早朝——ケネディ米大統領が対キューバ強硬策を声明し、米ソ核戦争のせとぎわに立った。在日米軍とともに航空自衛隊は警戒態勢にはいった。各戦闘機基地では待機の機数をふやし残り全機も急速整備にかかった。そうしている間に小松基地に緊急発進の指令がきた。「やれやれ、おしまいか」と飛行隊長は思った。しかし、その時の緊急発進指令は米ソ間の緊張とは直接結びつくものではなかったことがあとでわかった。

また、その日——海上自衛隊佐世保地方総監は在日米海軍の基地司令官の訪問をうけた。危機を知った総監は駆潜艇一隻に訓練出動を命じ港の入口で常時警戒をさせた。同時に防潜網で港をふさぐ準備をはじめさせた。

「主たる任務」

昭和二十五年八月、警察予備隊として発足して以来、自衛隊の表だった活動はといえば、もっぱら災害派遣だった。今日まで十六年間に出動回数は四千三百件、延べ二百七十万人にのぼる。

二年後、予備隊は保安隊となり武装を強化した。しかし実体が国内の治安維持機関であることには変りなかった。

さらに二年後の二十九年、保安隊は自衛隊となった。ここで自衛隊は「直接侵略および間接侵略に対し、わが国を防衛することを主たる任務」（自衛隊法三条）とする軍隊的性格を持つ。

そうして、いま実例をあげたような、こんなことがあった。あんなことがあった。さいわい一度も武力は行使しなかったが。

戦争を憎み平和を願う国民の気持は堅い。自衛隊が合憲か否かの論は続いている。日本の防衛いかにあるべきかは未解決の課題だ。一方で、制服隊員二十二万の巨大集団と強力な兵器体系が現在こうしてここにあり、一日十億円を使って、きのうもきょうも動いているのを私たちは見た。

比較的よく知られた災害派遣よりも、法律がいう「主たる任務」のほうに着目して、私たちはこの自衛隊報告をまとめた。

次回から、はじめに航空自衛隊の現状を紹介したい。

恵庭事件

昭和三十七年十月北海道恵庭町の陸上自衛隊島松演習場に隣接する牧場主兄弟が「演習騒音で牛の乳量が減る」と抗議して自衛隊通信線を切断し、自衛隊法の防衛用器物損壊罪で起訴された。市民に対する同法のこういう適用は初めてで、同法ひいては自衛隊が合憲か違憲かの争いになった公判経過が注目されている。

（一九六七年二月一三日朝刊）

# 続・自衛隊――兵器と産業・Ｆ１０４Ｊの記録〈1〉

## 米軍規格　名ばかり、国産化　計量もヤード・ポンド

航空自衛隊の主力戦闘機Ｆ１０４Ｊを国産化するとき、三菱重工業名古屋航空機製作所は、ヤード・ポンド法の計測器を使った。

全備重量　二〇九〇〇ポンド
全長　五四・八フィート
主翼幅　二一・九フィート

と、米ロッキード社のＦ１０４Ｊ設計図面は示している。また主翼前縁の厚さ〇・〇〇五―〇・〇一〇インチ

主翼表面の仕上げ精度　プラス（でっぱり）〇・〇〇二―マイナス（へこみ）〇・〇〇一インチ

主翼前縁が菜切り包丁の刃ていどに鋭く、表面仕上げに鏡面のなめらかさを要求しているのは、超音速飛行のためである。さもないとマッハ２（音速の二倍）の高速性能と飛行の安定は保証されない。

国産化とはいうものの、ロッキード社から買った図面どおり、そっくりそのままを丸写しに製造し組立てるのが建前であった。

## 工具も変える

ジェット戦闘機の国産化は、F86F三百機に次いでF104J二百三十機が二度目である。最初のF86Fでは、三菱はノースアメリカン社の図面を、いちいちメートル法に換算して使った。

二度目のF104J国産化が決ったとき、ロッキード社から機体だけで十一万六千枚の図面が来た。換算の手間がたいへんだし、それに、F86FにくらべてF104Jの図面は、性能が高くなっただけ一段と工作精度の要求がきびしくなっていた。換算図面だと、どうしても作業現場で精度が狂いやすい。ミクロン（一千分の一ミリ）の狂いでも累積すると部品が合わなくなる心配があった。ごく一部を除いて、製造組立て工程をすべてヤード・ポンド法で一貫することとし、三菱はインチ系の物差・工具を買いそろえた。

計量単位だけではなかった。ロッキード社の図面は英語で書いてある。ロッキード社はまた、IBMカードで技術資料や部品リストを送ってきた。三菱もIBMを使わないわけにはいかない。IBMは英語でしか働いてくれない電子計算機である。管理の能率化のために、三菱は、多少の不自由を忍んで、作業現場でも英語図面を使うことにした。

胴体の日の丸と「危険」「救難用」など二、三の漢字とを除いて、できあがった機体表面の取扱い表示もすべてが英語だ。乗り手がまた、英語で離陸し、ヤード・ポンド法で照準して英語名の弾を撃つ。

## 計量法に特例

「長さの計量単位はメートルとする」と、計量法で決っている。日本はメートル法の国である。「法定計量単位以外の計量単位は、取引上または証明上の計量に用いてはならない」。違反者は「五万円以下の罰金」に処せられる。

一方で、国が調達する国産兵器が、非合法計量単位で製造会社や作業員を悩ませていた。ここで防衛庁や三菱が罰金に処せられないのは、計量法の特例で見逃がしてもらっているからである。

F104Jのエンジン・J79は石川島播磨重工業田無工場で国産化した。石川島重工はジェネラル・エレクトリック社（GE）から届いた二万枚の図面を全部メートル法に換算し、日本語に翻訳した。途中でGEの図面の間違いを発見したりもして、換算と翻訳だけで約六カ月をついやした。

J79の全長二〇七・九六〇インチは五二八二・一九ミリ、換算値は一インチ＝二五・四〇〇〇五ミリ（米インチ）である。

注文主である防衛庁も計量単位に気を配ってはいた。調達兵器の図面はメートル法で示すようにしている。しかし、兵器と兵器体系のもとが米軍規格であることに変りはない。部隊のネジ回しはインチ系だし、補給品リストも英語だった。

石川島重工のJ3は、初めての純国産ジェットエンジンである。開発当初から、設計はネジ一本まで日本語とメートル法で通した。それを通産省も強く押した。ところが、あとで自衛隊の練習機にJ3を採用することになったとき、防衛庁は注文をつけた。ネジはインチ系に改めること、部品名は英語で表示してほしい、というのだ。

## 自衛隊の体質

自衛隊は、米軍規格の部隊である。

なぜそうなのかは、前回の連載「自衛隊」（二月十三日―三月八日）で戦力を紹介したときにも書いた。自衛隊は、最初は占領時代の米軍の指示で警察予備隊として生れた。その後、米軍を手本とし米国の軍事援助を受けて育ち、次第に撤退する在日米軍と交代する形で大きくなって、今日の日米共同防衛体制にいたった。

なかでも航空自衛隊には緊密な日米一体感があった。航空総隊司令官は、東京・府中の米軍施設で在日米空軍司令官と肩をならべて日米共同の防空作戦の指揮をとる。二十四時間常時警戒のレーダー基地にも米軍人がいて警戒・管制用の機器施設を共用している。「有事即応態勢」といい、西側の全世界的な戦略体制のなかで、自衛隊は動いていた。

自衛隊が米軍と共通の規格を国産兵器にも適用しているのは、ひとつには、そういう日米共同防衛体制の必要からである。

兵器、兵器体系のみでなく、補給・調達方式、製造工場での品質管理まで、自衛隊は、そっくり米軍の規格・仕様を引継いだ。

インチといい英語といい、単なる呼称の問題ではない。それならば民間機もヤード・ポンド法で日本の空を飛んでいる。

## 産業界と結び

Ｆ１０４Ｊの最初の二百機分の製造は、日米両国政府が経費を分担し、米側技術者を混じえた共同生産であった。積載電子機器関係の米人技術指導員は今でもＦ１０４Ｊ各基地にいる。「米国からの輸入資材の値段が高すぎる」とか「ベトナム戦争の影響で輸入部品の納期が遅れて困る」とか、製造工場の苦情は、在日米軍事援助顧問団を通じて折衝もする。

同時に、自衛隊と兵器製造会社との間もまた、ふつうのユーザー（消費者）とメーカーの関係とは異った緊密さがあった。三菱や石川島など主要工場には制服の自衛隊員が多数常駐して製造工程に立会っていた。各基地とエンジン工場とは直通電話で結ばれていた。基地内の航空用燃料タンクは、基地近くの駅に立並んだ石油会社各社の基地専用タンクと、常時、即座にパイプでつなげるようになっていた。

（航空自衛隊は燃料を法定単位のリットルで買うが、基地タンクには非合法単位のガロンで貯え、ポンドで計ってＦ１０４Ｊに積込んでいる）

「兵器工場も広義の兵器体系のなかに含まれる」というのが自衛隊の考え方であった。また「防衛生産力をともなわない近代装備は装備としての意味をなさないし、部隊と工場との間に境界を置くことは不可能だ」と経団連防衛生産委員会は考えている。

日米共同防衛体制は、こうして米軍規格による兵器生産を通じて、日本の産業界に根をおろすことになった。

前回の「自衛隊」報告の続編として、兵器と、その産業の現状を紹介したい。陸・海・空三自衛隊の巨大な兵器体系のなかから、ここで特にF104Jを選んだのは、それが今日の代表的な戦力であり、また技術上、生産参加工場の数でも最も深く広く産業界との関連を持つ兵器体系の一例だからである。

兵器および兵器体系

一般には航空機・火器・通信器材・車両など戦闘用のすべての資材、狭義には敵を殺傷・破壊する器材を「兵器」という。「兵器」のうち、火薬（核を含む）を使用したものを「火器」という。「兵器体系」は、作戦に必要ないっさいの兵器・関連器材・資材・サービス・人員を含み、ひとつの完全独立な攻撃力をなすものである。（航空自衛隊「用語の解」による）

（一九六七年七月七日朝刊）

# 自衛隊員〈1〉 ある中隊

## 射撃も格闘もプロ　ビンタ厳禁　明るい隊舎

広い営庭の向うに、サルビアとケイトウの花壇をへだてて連隊隊舎があった。鉄筋三階建クリーム色の外見はそれ程でもないのに、舎内はいたんでいた。壁や天井にヒビ割れが見える。洗面所は汚水もれで終日ポタポタ音を立てている。警察予備隊として発足した当時の、粗雑で大あわてな工事の結果であるに違いない。

それに、なんという部屋の狭さだ。中隊は営内班ごとにベニヤとビニール材とで仕切りを立て、空間いっぱいの二段ベッドに、日焼けした隊員が群居している。シーツは清潔だし、整とんは行届き、床に水も打ってあったが、ムッと息づまるばかりである。

平均二五・四歳

晩秋の一週間を辺境某市の陸上自衛隊駐とん地で第X普通科連隊第X中隊とともに過ごした。その週の中隊の教育目標および訓練課目は次のようなものであった。
◇目標　積極的な服務
◇課目　月曜＝精神教育（正しい愛国心）・基本教練・体育。火曜＝射撃検定。水曜＝予備（武器手入れ・銃剣術）。木曜＝中隊対抗銃剣術大会。金曜＝中隊教練（攻撃・陣地占領・防御）。土曜＝精神教育（国内の状況）・内務点検

精神教育はベニヤ囲いの中隊娯楽室で、目の鋭い長身の中隊長が訓話を行なった。月曜は国旗に対する態度について。土曜は羽田事件と間接侵略の定義について。
◇人員　一七二人＝幹部（旧軍の将校にあたる）七、陸曹（下士官）五八、陸士（兵）一〇七
◇平均年齢　二五・四歳
陸曹の一人を除いて全員が昭和生れであり、その陸曹のほかに旧軍体験者はない。
◇隊員前職　農業三三、工員三〇、商業一、店員九、大工四、官公庁四、会社員一二、運転手七、その他一六、無職五六

無職五六は、学校卒業と同時に入隊したものの数である。一般大学卒二、防衛大学校卒三、高校新卒五一、ほかに高卒の学歴を持つもの一九がある。

中隊の編成定員二一三に対し現員一七二で、四一人足りない。充足率八一％にとどまる。隊員募集が困難なため編成定員に満たないのは自衛隊全体の懸案である。しかし、この中隊の人員不足は大部分が陸士級で、陸曹級は逆に定員を二五％こえている。「第一線部隊としてはありがたい」と中隊長はいった。なぜなら、陸士級は平均三年半で退職していく。いわば臨時工なのに反して陸曹級は十五

年から二十年の勤務を約束した職業軍人であり、熟練工である。定員のワクの中で陸曹の割合が多ければ、それだけ銃も砲も少数精鋭の部隊活動ができるからだ。

## 住民意識にも注意

◇主要装備　64式小銃一四二、自動銃二四、62式機関銃一五、64式八一ミリ迫撃砲四、対戦車ロケット発射筒一二、60式一〇六ミリ対戦車無反動砲一二、軽無線機五、有線電話一、車両一四

隊舎は傷だらけだが武器は真新しい。ほとんどが国産火器であった。64式小銃は単発のほか毎分最大百発の連射ができ、威力は旧軍の軽機関銃に劣らない。

補給庫に大きな野戦ナベと炊事用具一式があった。中隊は野戦で単独に行動できる最小の戦闘単位である。

◇特技者　射撃二級以上八九、銃剣術有段者九五、レンジャー五四、車両運転免許七一

二級射手は三百メートル先で隠見する人体胸部の標的を確実に撃ち抜く。

自衛隊は戦時編成である。旧陸軍は、平時は基幹要員だけで他は有事に動員する、という考え方でいた。今は平戦時の区別がなく、非常事態になれば即座に現員・現装備で戦闘できる。中隊は、射撃にも格闘にも強いプロの戦闘員の実力集団でなくてはならぬ。

即応態勢ともいう。中隊事務室に営外居住者（二曹以上二四人）の非常呼集手順書があった。零下三五度になると深夜でも全車両を暖気運転して有事に備える。

将来おこり得る戦争といえば本土防衛の国内戦以外にない。中隊に責任警備地域があり、中隊長は

地域市町村議会の勢力分野、住民の政党支持率の変化などに常に注意を向けている。

旧軍は徴兵制だった。戦場に向う兵隊には事前に親や妻子と面会する機会を与えるのが通例であった。今は宣誓をした志願兵なので、その必要はない。隊員はマクラ元に鉄帽、背のう、水筒のほか、有事に私品を留守宅に送りかえすコウリをそろえ、それぞれ遠い郷里の父親や母親の名とあて先を荷札に書きつけてあった。

## 営内班長の労苦

◇営内班長心得　営内班長は慈母のように、愛情の権化となって班員の世話を行う――『営内班長服務読本』
たとえば毛布の四角四面なたたみ方などに幾分か昔のなごりが読めるかも知れない。しかし、旧軍体験者が今の営内班を見たら、さぞ驚くことだろう。

長い髪、上級者との友達のような応対、当番隊員の口笛、私用小型テレビ、マイカー、色ものパンツ、代休、年次休暇、自由な外出、当直室に女性からかかる呼出し電話、ロッカーのトビラの裏の吉永小百合……

陽気、ほどではないとしても、旧軍の兵舎の硬直した、あの暗い、ずるい目の色は自衛隊にない。ビンタは処罰される。やむを得ない時はケンカの形式でなぐり合う。しかし実情は、班長が大声でしかるのさえ中隊ではマレだ。

事前調整というのがある。炊事当番など隊員のきらう勤務命令を出すとき班長が事前に班員と話合って人選の民主化を期すること。

陸士会同というのがある。班長や上級者を交えず陸士級だけで不平不満をいう会議のこと。

◇現代青年たる隊員の一般的特性　懐疑的・批判的・独善・合理的・情緒動揺性――精神教育資料『中隊長のために』

自衛隊と外部との間に特別なカキ根はない。罰則はゆるく、いやなら退職も自由だ。そのなかで、戦後っ子をどう納得させて規律厳正な隊風を確立するか。何を精神的支柱として精強な戦闘部隊に育成するか。営内班長の労苦がここにある。

◇営内班長手簿記載事項　班員各人別に、出身地・学歴・職歴・家庭環境・入隊時の知能検査結果・性格検査結果・服務態度・主な所持品・貯金高・趣味・交友関係・女性関係・指導日記

総じて隊員の質は旧軍の水準より数段高い、ということであった。「納得さえしたら訓練でどんなにしぼっても不服はいわない」と中隊長がいうのも聞いた。前の月の連隊対抗演習では徹夜で四〇キロ歩かせた。落後者はなかった。

ただし、各班平均一人ずつは要注意隊員がいる。知能評価は「優」だが転々とした職歴を持ち無口で本心を語らない青年。精神検査結果「不可」で目をはなせない青年。「自衛隊は少年院の延長か」と自問したくなる日が、年に何回か営内班長にある。

## 泥んこの攻防戦

金曜の中隊教練の日の朝、初雪をみた。隊規で翌月にならないと暖房は通らない。日中は雨に変っ

た。泥をこねる攻防戦で全員ハダまで冷雨がしみ通った。

武器庫の鉄の輝きといい、班長手簿の指導日記の細字といい、自衛隊の一生懸命さは、この一週間の見聞だけでもわかった。一般の日常感覚からいえば何かもう、ただごととは思われない。

こうして自衛隊は何に備え、何を目ざしているのか。また、何を目ざしている、と隊員は考えているのだろうか。隊員および隊員の意識・考え方を中心として、この記録をまとめた。

主として戦力の現状を紹介した連載「自衛隊」(本年二―三月)、兵器体系とその背景を紹介した「兵器と産業・F104Jの記録」(七月)に続く自衛隊報告・第三部である。

中隊
普通科(旧軍の歩兵)中隊は小銃小隊四、無反動砲小隊、迫撃砲小隊各一からなる。普通科中隊四と重迫撃砲中隊一を合わせて普通科連隊、また普通科連隊四のほか特科(砲兵)連隊、戦車大隊、施設(工兵)大隊、通信大隊、偵察隊、対戦車隊、輸送隊、武器隊、補給隊、衛生隊各一で師団を編成する。陸上自衛隊は全国に十三個師団を配置している。

(一九六七年一二月二日朝刊)

# ＮＨＫ〈1〉番組制作工場

## ドラマも流れ作業で　巨匠の入る余地はない

放送センターはＮＨＫの番組制作工場です。ここでは芸能娯楽番組のほとんど全部のほか、学校放送・科学産業・農事関係など週四〇〇本以上のラジオ・テレビ番組を作っています。（ＮＨＫ広報パンフレット）

「お勧め、どちら？」

「渋谷のカンヅメ工場」

ＮＨＫのドラマ制作者が真顔で自然らしく、そんなふうに酒場で答えているのを聞いた。

ニュースやスポーツ中継とは違って即時性を要しないから、ドラマはすべて放送日前に録画するのだ。録画用磁気テープは幅五〇・八ミリ厚さ〇・〇三七ミリ走行秒速三八一ミリ、なめらかに、なめるように回転しながら俳優さんの笑顔や涙声や、音楽、色彩、効果、そのほか何百時間・何百万円かの制作労働一切を記憶していく。一時間ドラマ一巻が、重量で六・九キロになる。放送日が近づくと赤い木箱に納め、NHK本館テレビ送出係にあてて定期便の小型貨物自動車で積出す。

東京・渋谷のNHK放送センターは異様に窓が少ない。隣のオリンピック施設が激しい造形意欲を主張しているのに比べて、こちらはなんとまあ無愛想で四角四面で、八階建コンクリート粗壁の冷えびえした外観から、まさに「工場」そのものであった。

## 時間表に合わせ

センター・一〇六スタジオで、連続テレビ小説『あしたこそ』の収録をみた。『あしたこそ』は四月一日から始った。『おはなはん』『旅路』に続く毎朝・毎昼休み時間の看板番組である。
スタジオに、制作時間表というのがあった。先週の時間表は、こうなっていた。
月曜　前週収録分（79―84回）の編集一五三〇―二〇三〇、演出・技術（照明・音声・カメラ）打合せ一三〇〇―一六〇〇、本読み・立げいこ（85・86回）一七〇〇―二二〇〇
火曜　本番収録（85・86回）一三〇〇―二二〇〇
水曜　翌週分の美術発注（大道具・小道具・衣装など）一二〇〇―一七〇〇、効果音作成一七〇〇―二〇〇〇、演出・技術打合せ一五〇〇―一八〇〇
木曜　本読み・立げいこ（87―90回）一七〇〇―二二〇〇
金曜　本番収録（87・88回）一三〇〇―二二〇〇
土曜　本番収録（89・90回）一三〇〇―二二〇〇
『あしたこそ』の今週の放送は25回目からだった。スタジオでは六〇回二カ月先の放送分まで、物語

が先に進んでいるわけだ。

見ていると、スタジオの仕事も工場の流れ作業に似ていた。時間表に合わせて複雑な加工工程が運ぶ。セット・照明仕込み・ドライ・ブロッキング・ランスルー・本番。忠実に、勤勉に、念入りに、だが、たまに本番でセリフを間違っても致命傷でなければOKが出た。制作者が終始いちばん気にしているのが時間なのだった。時間表に遅れると、カッカして怒声が飛ぶこともあった。女優さんがペロッと舌を出したりした。

原則としてNHKは深夜業はしない。午後一〇時、機械をとめ、作業衣を脱ぎ、タイムレコーダーを押して帰る。演劇や映画の世界では、ふつう、けいこを時間で刻んだりはしなかったものだが。

## 若い冒険家たち

昭和四〇年、放送センター第一期工事（延べ六四、四五〇平方メートル、スタジオ三一、工費一六六億四三〇〇万円）の完成を境に、情報産業は手工業から機械工業の時代にはいった、とNHKはいう。「番組開発」あるいは「番組工学」などという用語を、好んでNHK人は口にした。

NHKの国内放送五波（テレビジョン二波・ラジオ二波・FM放送一波）が四三年度一年間に送出する全番組数は九五、〇〇四本である。人員・施設・機械を最大限効率的に運用しないと、時間と予算に穴があく。『あしたこそ』にかぎらず、工場生産に名人・巨匠がはいりこむ余地はどこにもなかった。

放送センターの設計がまた、合理的な流れ作業方式で統一されている。番組制作に必要な設備一切は、スタジオ周辺に整然と集中配置した。出演者個室・ロビー・浴室・メーキャップ室・着付室・衣装倉庫・カツラ倉庫・小道具倉庫・大道具置場・大道具製作場。

また、二階の副調整室周辺にテープ録画再生機室・自動編集室・フィルム送像室・中央技術操作室・テープ保管庫。

ＮＨＫはさらに、この六月、センター第二期工事（延べ四八、〇五〇平方メートル、スタジオ一三、工費一〇四億五四〇〇万円）完成と同時に、高度な電子計算機組織を現場末端まで持込む。「番組技術システム」という。

「番組技術システム」は、一日一〇〇〇種類五〇〇〇枚五〇万字以上の繁雑な番組制作伝票を一挙に不必要物にする。流れ作業を機械化し能率化するだけではなく、同時にそれはドラマやニュース番組の内容まで変えずにはおかないだろう。ＮＨＫによれば、常に科学技術の進歩を先取りすることで新しい価値と文化を創造しよう、という遠大な野心から話は出発しているのだった。

今日まで芸能娯楽あるいは報道関係業界で、このような発想と組織を実現したものはなかった。誇り高き現代の先駆者意識、ないしは勇敢な知的冒険者意識を、この若い放送人集団のなかで随所に読むことができた。

## 職人芸の名残り

それでいて、夕方出勤して来ても「お早うございます」などと制作者たちはいう。十五年むかし、映画界の先達を招いて完全にイロハの芸から習ったテレビ発足のころの名残りであった。今でも、もとは芝居や映画から移入した、あいまいな隠語を使って電子機器を操っている。この人たちのことを「カツドウヤさん」と、経営幹部が呼んでいた。いれものは一新したが、意識は流れ作業の加工工程に乗らない。ドラマ制作がきわめて職人的専門的経験を要する職域であるからに違いなかった。

「演出研究」という部内誌をみた。ドラマ量産時代への疑問を、制作者仲間が誌上で語りあっていた。「なぜ安直にドラマが出ちゃうのか」「無気力で、平均的で、みんなサラリーマン的で」「つまりNHK的なのかしら」……映画・演劇の技法評価基準をもってする新聞・雑誌の番組批評が、日々の彼らの悩みと不満のタネだ。「視聴者サービスを前提として、どこまで芸術に迫り得るかだ」「僕は一度テレビが無くなっちまえばいいと思う。改めて『テレビとは何か』を考えてみるために」。「映画や芝居の亜流意識を捨てろ」と叫ぶ声もあった。「制作時間はなく、画面は小さい。どうやったって既成の『芸術』規格にははまらない。実はそこがテレビの新しさなのだ」

## 自己増殖は続く

「テレビとは何か」……この古い実験放送時代からの問いに対して、おさないが一生懸命な議論を年々あきずに彼らは繰返している。解答は今もって制作現場にもない。解答はないけれど、休みなく、たくましく、NHKは爆発的に自己増殖を続ける。特徴的な、もうひとつのNHKの若い体質が、ここにあった。

テレビ小説『あしたこそ』の、先行している二カ月分の物語は、六〇本のカン詰になって倉庫のタナに並んでいた。倉庫は、放送センターの長いピカピカ光りかがやく廊下の果てにある。もう少しこの番組につきあいながら、ＮＨＫの中にはいっていきたい。

（一九六八年五月一日朝刊）

# NASA　米航空宇宙局〈1〉

## 10号から11号へ　8年越し8兆余円　目もくらむ月への道

フロリダの真昼の太陽は、ほぼ天頂にあった。波打ちぎわの砂が焼けて、ほのおのように光っていた。浜の東側は浅みどりの大西洋、西側が亜熱帯植物の茂る暗緑の低湿地である。周囲三六〇度、海も陸も視界をさえぎるものは何もない。たいらな地平線の向うは空だった。

### 霞が関ビル8個分

五月十八日、アポロ10号打上げの日に、私たち取材班はケネディ宇宙センターに集った。異様な視野のひろがりと、垂直にさす太陽とが、私たちの日常の遠近法や空間感覚を少し狂わせたらしかった。高さ一一〇メートルの月ロケットが虫ピンのように小さい。ピンの先端にひとを三人乗せたロケットは、ゆっくりと、実にゆっくりと、雲間に消えては現れ、キラリキラリ日を反射しながら、美しい軌道を描いて東の空に飛去っていった。飛行があんなにゆっくりに見えたのは、フロリダの空の広さのせいだろう。

五月二十日、アポロ11号が組立工場から移動して、波打ちぎわの発射台に立った。まわりに金網がめぐらしてある。ピストルをさげた警備員の検問をうけて発射塔をのぼる。ここまで来ると、月ロケットはまた途方もなく巨大なのだ。コンクリートの台座を歩く人かげが、こっけいなほど小さいのに私たちはあきれる。

うまく寸法がとれないのは速度や大きさばかりではなかった。アポロ10号の製造、打上げ、回収にいたる総経費が一、二六〇億円という。かりに東京・霞が関ビルと比較すると同ビル建設費が一六〇億円である。月ロケット一本ごとに、NASAは東京のマンモスビル八つ分の財貨を宇宙空間にまき散らしていることになる。

## 終夜灯消さぬ役所

五月三十日、飛行準備完了テスト。11号の打上げ準備作業は最終段階にはいった。六月三日、第一段ロケット燃料タンクの洗浄・燃料もれ検査。第三段ロケット補助エンジンの燃料積込み準備。同四日、司令船・機械船の帰還管制システム検査。八日、月着陸船エンジン燃料もれ・機能検査。九日、自動点火燃料の積込み開始……。月着陸をめざす三人の宇宙飛行士が、同じ宇宙センターで仕上げの訓練を受けていた。シミュレーター（電子計算機による模擬宇宙船）にはいって、ヒューストンの飛行管制室と実際そのままの交信、飛行操作を繰返すのである。六月四日、月軌道上でのランデブー。同十二日、地球軌道から月へ向うための噴射。十三日、月着陸船不調のときの脱出方法……。

打上げ準備作業は、ほかに▽電子計算機プログラムの最終テスト▽飛行管制訓練▽全世界一四カ所を結ぶ追跡センターのネットワーク・テスト▽米海・空軍による回収訓練、などがある。ワシントンのＮＡＳＡ本部アポロ計画局が、全体の作業時間表を総括していた。ワシントンでいま、連日終夜、灯の消えない役所が三つある。大統領官邸と国防総省とＮＡＳＡとだ。

宇宙船の部品一五〇万。ロケットの部品五六〇万。打上げまでの主だった作業項目四万。下請工場までふくめた関連産業二万。関係した大学・研究所二〇〇。アポロ計画参加人員一七五、四〇〇。また同計画だけで八年越しの総経費が八兆六〇九七億円……アメリカの頭脳と科学技術と長い開発努力と、そして巨額の宇宙投資と。目もくらむばかりの総計のてっぺんに、いま、アポロ11号が立っている。

「アポロは終った」

10号の飛行中にも何回か小さな間違いや不調はあった。陽気な飛行士の声が、その時だけ緊張でうわずって「こんちくしょう！」といったりした。しかし、月と地上とのやりとりを繰返して、問題はひとつひとつ確実に解決していった。そういうスリルに満ちた交信まで、一部始終がナマで記者室に流れる。ＮＡＳＡが約束した徹底的な公開主義であった。強い自信の現れであるに違いなかった。

同一規格の月ロケットが一本一本かわった個性の持主であることを11号の発射台で聞いた。アポロ10号は、がんこものだったという。秒読みの時まで小さな故障が続いて、いやいや宇宙に飛立った。反対に11号は、今までのところ大変すっきりしているという。

だれもこの11号による月着陸本番飛行の成功を疑うものはいなかった。作業場も、宇宙飛行士チームも、NASA本部も、気がかりなのはアポロ成功以後だという顔をしていた。「アポロは終った」かのようであった。

しかし、ここで、話をいったん過去に戻そうと思う。たとえば昨年四月四日におこったアポロ6号の事故がある。記録によると、当時のNASAがいまとは全く違って暗い空気が支配的だったことを私たちは知った。故ケネディ大統領が宣言した「60年代月着陸」の目標達成さえ、一年前にはあやぶまれていたのだった。苦境をNASAはどう切抜けてきたのか。

もっとさかのぼると、宇宙開発競争でソ連に立遅れたことから、NASAの組織や巨額の投資は始った。以来、今日までの無数の技術突破の歴史のなかに、NASA物語のいちばん重要な何章かがあるはずだ。私たち取材班は、まず、月ロケット開発の主舞台であるマーシャル宇宙飛行センターに向った。

(ケネディ宇宙センター発＝NASA取材班)

NASA取材班　疋田桂一郎(編集委員)　牛田佳夫(ニューヨーク支局)　田中豊(外報部)　柴田鉄治(社会部)　黒川亮一郎(写真部)

(一九六九年六月一六日夕刊)

# 北アルプス遭難記事の衝撃

ジャーナリスト　本多勝一

疋田桂一郎氏については、亡くなられたときに『週刊金曜日』で三回にわたって「疋田桂一郎氏は〝憤死〟したのだ」と題する論評を書き〈注〉、さらに私たちが関わった裁判の最高裁での勝訴にさいしても同誌で報告したので、ここではこの大記者の名を初めて意識したときの思い出を書くことにします。

かけだし記者として朝日新聞北海道支社に私が赴任したのは一九五九年の四月でした。その半年後の同年一〇月二四日朝刊で、社会面の大半をつぶして報じられた山岳遭難のルポに刮目させられることになります。新聞全体の建《た》て頁が少なかった当時、まだ第二社会面とか「月曜ルポ」とかの、長編ルポを掲載する頁はありません。だから社会面の他の記事を犠牲にしてまで大半をつぶして出す例などめったになく、これはよほどのことでした。署名記事として出たそのルポの筆者が「疋田桂一郎」だったのです。

私は驚嘆――というより殆ど感動して、何度も読み直しました。文体がすばらしいことはもちろんとして、それ以上に着眼のしかたや切りこみの角度、いわば基本的な「ものの見方」が実に鋭い。山の遭難といった分野にとどまらず、新聞報道のありかた一般に通ずるものとして、凡百の「記事の書き方」に類するものより役立つ教科書だと思いました。しかもよく奨励されていた客観的表現とは逆に、これは実に主観的記事でもあります。

さらに大きな教訓となったのは、疋田記者が登山の素人《しろうと》だった点です。山の素人が、山の遭難報道で革命的な転換をやってみせた。山の記事は登山の実力もある記者でないと書けないかのような考え方は迷信だった。問題は末梢的な技術などではなく、根底をゆるがすような眼力にあります。これは山に限らず、すべての分野に共通するジャーナリズムの核心部です。もし対象について専門家と同レベルの知識や経験がなければ記事を書く資格がないとなれば、それぞれの分野にジャーナリストは分断されて、その分野での限定された〝評論家〟へと堕してゆくでしょう。対象を根底からゆるがすような報道はできなくなります。

疋田記者はその後も刮目すべきルポや連載記事を数多く発表してゆきます。北海道で三年半の新米記者をつとめた私は、その疋田記者がいる東京社会部へ転勤になりました。疋田大先輩は、新聞記者としての実力ばかりか美男子の看板遊軍記者として、私などのサツまわり新人記者からすれば仰ぎみる存在です。

編集委員制度が発足すると、管理職にしては惜しいと考えられた大記者がまず四人、管理職と同等の給料のライターたる編集委員になり、むろんその一人に疋田氏も選ばれて一層自由にはばたくようになります。やがては疋田キャップを中心とする数人の〝疋田飯場〟による大型連載もいくつか続きました。私はそうした連載に加わったことはないので、いわば直接的指導の類を受けたことはありません。しかし〝疋田飯場〟の「ＮＡＳＡ（米航空宇宙局）」（一九六九年の月ロケット）取材のときには、私もルポ「アメリカ合州国」取材で渡米中だったのである時期一緒だったし、疋田キャップによる「新・人国記」では三県を分担したりで、疋田記者の取材ぶりには接しています。

でも「疋田桂一郎」から私が最も影響されたのは、やはり記事そのものでした。疋田原稿の特徴は、現場を見た上で独自の視点から鮮烈に本質を喝破するところにありましょう。短篇ルポにしても、鋭い批評精神の横溢した、真の意味での主観的（すなわち偽善的客観主義とは逆の）記事だったと思います。

そして、本書に収録されている北アルプスの遭難記事「何を語るか？　東大生らの遭難――英雄扱い、お門違い　準備不十分の事故死」は、そのような特徴を有する疋田原稿の、早期に書かれたものの見本だったわけです。

〈注〉この論評は同誌の二〇〇二年一二月六日・同一三日・二〇〇三年一月一七日の各号に掲載。関連して同誌二〇〇五年四月八日号の拙文参照。また疋田氏のこの北アルプス遭難記事がその後に与えた影響等は、朝日文庫での拙著『山を考える』収録の「遭難の報道記事」参照。

第二章

# 一九七〇年代

## 「天声人語」筆者として

## 1970年

### 米の味＊6・7

出張先がたまたま有名な米どころで、駅前の食堂で食べた米のうまさに驚いたことがある。こんなに米はうまいものなのか、と思った。

かくべつ舌に自信があるほうではないから、その町の米屋で米をみやげに買って帰って、友人にもわけて食べてみてもらった。うまいもの好きの友人が、やはり、驚いていた。香り、味、色つや。たきあがった米粒が、ひと粒ひと粒ぴんと立っているのだった。かみしめながら考えた。これは、どういうことなのか。

ひとつは今の米の制度で、味は悪いが収量の多い米が政府に買われて、それが都会の米屋に出回る。味のよいのは農家の自家保有米になる。おなじ米屋でも米どころの米屋の米はうまい。うまくないと売れないからだろう。都会の米屋も昨今は自主流通米よ特選米よというけれど、実際は、うまい米は絶対量が少なくて、都会の人の口にははいらない、のではないか。

そして、もうひとつ、こういう制度が長いこと続いた結果、私たちの舌が年々味の悪い米にならされてしまった。いつの間にか、ほんとうにうまい米の味を忘れていった。食糧管理制度が、じつは味覚の管理制度でもあった。そのことの不幸にさえ私たちは気づかずにきた。米の味が落ちるのと一緒に舌まで馬鹿になっている、のではないか。

よく、昔の米はうまかった、という。味の記憶はたよりない。米の専門家にたしかめてみた。試験場で昔のままの肥料で、全く今の農薬は使わない米を作っている。それが、食べくらべてみると、今日の米どころの最上の米より、はるかにうまい。ひと口ふくんで、昔の米の格段の味のよさがわかる、という話であった。

もしその通りだとすると、舌が馬鹿になってしまったらしいのは都会の人だけではない、ということになる。米どころの農民は、それに気づいているのか、どうか。すべては時の流れであるかも知れないけれど、米の国の味のふるさとが荒れていくのを見るのはかなしい。

## 一等兵の死＊6・9

米陸軍一等兵として南ベトナムの戦場に送られた日本の若ものが、民族解放戦線の砲撃を腹に受けて戦死した。米国に住む姉さんをたよって渡米し、もし徴兵を拒否すると永住権や学資免除の特典を失うので、兵役に服した、という。

いま米国で兵役に服すれば、戦場に送られることを覚悟しなくてはならない。戦場とは、当然、人を殺す場所であり、殺される場所でもある。そこまで若ものは考えていたか、どうか。外国に渡って、その国民に準ずる権利を手に入れるためには、一方で、義務を受け入れることになる。国境は甘くはない。

理屈の上では同情の余地は少ないわけだが、しかし、このひとは幼いころ両親と死別し、福祉施設にはいっている。働きながら夜間高校を出て、大志を抱いて海を渡った。ほかに、どんな道があったか、とも思う。また、戦死は一年前のことだ。一年間だまって、どこにも不服を訴えずに過ごした兄姉の気持ちを思う。

立場はちがうけれども、ここで思い出したのは米国南部の町で知りあった医者夫婦の話だ。ひとり息子がいて、芝居を勉強していた。適齢になり、徴兵令状が来た。国籍を捨ててカナダに行くか、それとも、徴兵局で精神異常者を演じて兵役免除になるか。悩んだすえに、息子は精神異常のほうを選んだ。

芝居を勉強していたおかげで「彼は前の晩から見事な異常者になった。嘘のようだが、結果は免除でしたよ」と父親はいった。しかし、タカ派の多い南部の町には住めなくなって、息子は家を出ていった。かりに戦争が終わっても、いちど政府に「異常者」と公式に認定された以上、「もう彼は社会復帰ができないかもしれない」と、母親が小声でいった。

こうして中途で道を踏み迷った若ものたちにとって、国家とはいったい何なのか。インドシナの戦場で争われている国々の利害が、はたして若ものに課せられた犠牲に見合うものなのか。もういちど考えてみたい。

ベトナム帰り＊7・7

旧日本軍の営倉はたいてい衛兵所の裏にあった。軍紀違反者をいれる留置場のことだ。「営倉」の二字をみて、いまでも戦中派はぞっとするに違いない。たたかれて半殺しにされても初年兵は黙っているほかなかった。あの陰惨さを忘れることができない。

米国独立記念日の四日、米軍岩国基地の営倉で暴動がおこった。収容中の米兵三十二人が営倉を占拠し、五日朝まで金網ごしに憲兵隊と対立したという。基地内のことで詳報はないが、去年の秋は米本土の営倉脱走兵が旅客機を乗っ取り、ローマまで飛んで逮捕された事件があった。ベトナム帰りの海兵隊伍長だった。

岩国基地も今はベトナム帰りが多い。また基地内外で反戦運動がひろがっていた。それが、こんどの暴動と結びつくのかどうか。ベトナム撤退がはじまって、かえって米兵の動揺がひどくなったかに見える。沖縄での昨今の米軍の軍紀の乱れようも、それだ。一体どういうことなのだろうか。

故郷でも温かくは迎えられなかった帰還兵の悲しみを、白井特派員が本紙に書いている。帰ってみると友人は「ご苦労」ともいわない。人々はこの戦争に批判的になっていた。「人殺しをやって来たのね」と女友だちにいわれたのが決定的だった。ある夜、彼はカービン銃を持って給油所を襲う。

米兵にとって、また米国市民にとっても、ベトナム戦争は特別な戦争である。これまでなら戦場から帰るとみんな英雄だった。米国近代史はほぼ成功の記録の連続であった。しかし今回は違う。ベトナム帰りの若ものを、いまのいらいらした米国社会にどう適応させるか。かくされた大問題だ。

二十五年前、敗残の初年兵は焼け野原に帰った。心をいやす何もなかったけれど、シラミだらけの兵隊着を庭で焼いた。何もかも終わった、という奇妙な安らぎがあった。

## 庶民の記録＊8・7

本紙東京版に、しばらく前から「東京被爆記」という小さな囲み記事がのっている。昭和二十年三月十日の大空襲を中心とした東京都内での読者の体験記である。

B29の爆音、焼夷弾の落下音、人々の叫び、焼死体のにおい。まさに地獄図だが、なかに、空襲のあとの朝焼けの美しさを描いたのがある。また、若い母親と幼児の死に顔の美しさがある。焼け跡の静けさに満開のサクラがある。月の光、火の色、B29の機体まで玉虫色で美しい。

地獄図を背景として一層あざやかに浮き出した、この美しさは何だろうか、を考える。人の記憶は、いやなことから早く薄れていく。あんな体験は、だれだって忘れてしまいたい。どろどろした生《なま》の記憶が、二十五年の歳月で、濾過《ろか》されて、それで清められたのだろうか。

生き残ったものの感動もある。きっと何回も子どもたちに話して聞かせたのだろう。どの文章からも、語りつぎたいという使命感が読みとれる。繰り返しているうちに、みじめな体験が高められて、美しいものに結晶した。あるいはまた、話しても聞いてくれなくなった若い世代への、戦中派の悲しみもあるか、と想像する。

三月十日ただ一回の空襲で死者八万三千、負傷者十三万、被災者百四万に達した。原爆被災に劣らぬ恐ろしい数字だが、当日の記録は、原爆資料の百分の一もない。こんどようやく東京都知事の協力で、作家の有馬頼義さんらが組織的に東京被爆資料を集めることになった。

国の戦争指導史や旧軍の戦記なら山とあるけれど、空襲で死んだり、生きのびたりした庶民の記録は少ない。これが戦争というものなのだ、と今さら思う。

## 戦争体験＊8・15

「きょう八月十五日は、なんの日ですか」「さあ、なんの日だったっけな」と若ものは、わざと、そう答えるのだそうである。戦争体験を語るおとなの顔を、戦後育ちの若ものが、年々、いじわるな目で見返しはじめた。

戦争中の苦しい生活を忘れないために「八月十五日はスイトンを食べよう」という父親の提案に、十九歳の女子学生は「形だけの八月十五日を粉砕せよ。私はこの日スタミナ料理をいやになるまで食べます」と宣言する（「週刊朝日」）。たんなる郷愁、追憶、思い出話として楽しそうに語られる戦争体験への反発がある。

そのうえ「父や母が戦争中の耐乏生活をぼくに語るとき、それは戦争の本質にぼくの目を向けさせようとしてではなく、『こんなに親が苦労したからこそ、お前は健康に育ったのだ』と、親への従順をぼくにさとすためであった」と二十五歳の反戦活動家が書いている（「思想の科学」）。

戦争体験を語るおとなが、いまは、戦争責任を問われる。二十歳の学生は「苦しい戦争体験が始まる一歩前の体験も詳しく知りたい。なぜ戦争に反対しなかったの」とただし、二十七歳の会社員は「こんなにひどい目にあわされたおとなが、どうして今、平和を守るために立ち上がらないのか」と疑う（「暮しの手帖」）。

開き直った若ものに向かって、作家の曾野綾子さんが本紙東京版で戦後おとなが何をしてきたかを語っている。「いいことも悪いこともしましたよ。やみ屋やったりパンパンになったり。無人島から始めたんですからね。若ものに、そうやすやすとわかられてたまるかよ、です」

八月十五日はなんの日か。世代間の開き直りっこを含めて、この日は全国民にとって、年々なにかの日であり続けるだろう。

## もの音＊9・4

北関東の森の中で週末をすごした。木のにおいがまじった空気のあまさ。夜はびっくりするほどの星の数の多さ。それに音だ。音に、近い音と遠い音とがあった。

近い音は、たとえば絶えまなしに耳もとでうなる虫の羽音とか、奥で茶碗を洗う音。とつぜん雨粒が屋根をたたく音。夕立があがって、風もないのに、思いがけなく、こずえがさわぐ。見ると、リスが枝から枝へ飛んでわたるところだったりした。

遠い音といえば、風の音、水の流れの音、犬の遠ぼえ、野鳥の声、子どもの叫び声。おなじソプラノで、子どもの声より鳥の声のほうが速く鋭く一直線に走った。鳥はこずえでなくからだろう。天から降ってくる。子どもの声は、深いやぶを通ってくるためか少しずつ残響があった。

都会で暮らしていて、そういう遠い音を、ひさしく聞かない。都会でも犬はほえ、横丁で子どもは叫び、遠い音はあるはずだ。それが聞こえなくなった。救急車のサイレンとかジェット機とか、実際には遠い音なのに、頭の中で鳴っているような感じで聞く。都会には音に奥行きがない。

休みなしの自動車の走行音のせいである。それを避けて、ビルや住宅でも窓をとざし、吸音材を使っている。かわりに空気調節の機械音を我慢することになった。慣れてしまったが、まるで騒音で耳にせんをしたような変な状態でいるのだ。騒音で減衰し、吸収されて、遠い音は都会から消えた。

ふと耳をすまして、遠いもの音を聞く。ちょっと不安そうな、意味をさがすような表情、しぐさまで人々は忘れかけている。

## コオロギ＊10・2

コオロギがないている。ゆうべは地下鉄の駅でコオロギの声を聞いた。戦後どこででもないていたクサヒバリやアオマツムシは、いなくなった。コオロギだけ残った。どうかするとタクシーのなかでコオロギがないている。ずいぶん都会生活に強いんだなと感心する。

小さなからだで、なぜ、あんなに大きな声がでるのかとも疑う。鳴き声に、領域宣言の縄張り歌と外敵が侵入した時のけんか歌、それに雌を呼ぶ求愛歌とがあるという。それにしても、どうして、あんなに激しく朝までなき続けるのだろう。あれじゃ、いまに焼き切れやしないかと心配になる。

虫博士の古川晴男さんや北大の玉重三男さんは、コオロギの歌をコロコロリーと、あるいはチリリチリリ、リリリリリ……と聞いておられる。そうも聞けるが、聞きかたではGの音がまじっているような気がする。ザジズゼゾのジ。もしくはガギグゲゴのギ。

コオロギがなくと普通いう。ほんとうは鳴らすのだ。バイオリンのように羽をこすり合わせて音をつくる。弦楽器が庭や路地に並んでいるわけである。夜道をかえると一匹一匹ほんの少しずつ音程、テンポが違っているのがわかる。きのうのコオロギがきのうの場所にいるのもわかる。

夜おそく頭上をジェット機がいく。人は話を中断する。表情まで凍りついてしまう。ものすごい音が通り過ぎて、最初に虫の声がかえってくる。ジェット機の下でもコオロギは休まずにないていたのかと思う。それともコオロギの耳にはジェット機音がきこえないのか。

コオロギの平均終鳴日は、各地とも山の初冠雪日とほぼ一致する。初霜よりは早い。冬がくる前に、山の雪をみてコオロギはなきやむ。

## 過保護＊10・13

このごろの男の子と女の子とは遠目には区別がつかない。そのせいでか寄り添って歩くふたりが時に異様で、ぎょっとしたりした。それと親子連れだ。なんでまた世間の親という親は、ああ腰をかがめて子どものあとに従うのだろう。連休の公園での観察である。

その公園は東京の町なかでは珍しい自然林のなかにある。雨のこやみで、すいていた。好きなように歩けばいいわけだけれど、まるで忠僕のような親たちに聞いてみたかった。お坊ちゃまがころぶのが、そんなに一大事ですか、ころんだら一瞬でも手を出さずにいられないのでちゅか、と。

新幹線で中学生の男の子が腰かけ、母親は通路で立ち続けているのをみかねて、つい口を出したという判事さんの話がある。「お母さんお疲れですよ。少し席を代わってあげたら?」。母親が答えた。「いいえ、いいんですよ。この子、野球部の練習で疲れておりますの」

東京の中学校で、運動会のプログラムから騎馬戦や棒倒しが消えていくという話もあった。学校によると「危険だからです。運動会でけがをさせてごらんなさい。このごろの父兄ときたら、すりむいたといっては校長に電話し、骨折でもしたら告訴さわぎです」。

無数の育児書と評論家諸先生があり、今日ほど過保護の害が声高に説かれた時代はなくて、しかも、こうなのだ。かえって栄養状態なんか悪かった昔のほうが、子どもはけがをしなかった。親は親で、ひと前でべたべた子どもにかまうのは慎んだ。それは無教養で、はずかしいことであった。

それとも、ほんとうに今の子は身長・体重だけ大きくて骨はぐにゃぐにゃなのか、とも考える。ちょっとしたはずみで骨折する。「へんですよ」と、気味悪そうに教師がいうのを聞いたことがある。

## 修行＊11・24

大工、建具職、仕立て、コック、配管工、電気工事といった職種が近ごろ若ものの間で見直されている、という話をきいた。まだまだ一部のことかも知れないが……。

それぞれ、一人前になるまでの修行はきびしい。しかし、自分の手で直接ものをつくる喜びがある。腕をみがけば、だれはばかるところない自前の生活をみつけられる。ふつうは高校卒がいく職業訓練所で、大企業のセールスマンを辞めた大学卒が旋盤を習っている。修行の場を求めて英国に仕立てを習いにいく。

パリでお針子さん修行をして帰った娘さんの話をきいた。裁断前に服地の布目を正しく直角に直すこと。これが着くずれしない仕立て上がりのイロハで、親方に恐ろしく厳格にしつけられた。日本でも、みんな知識としては承知しているが、イロハを守って布目をきちっと直す人は意外に少ない、という。

初対面で相手の職業をきくのに、日本では「どちらにお勤めですか」とたずね、たいてい会社名で答える。欧米では職種をたずね、職種で答えるのがふつうで、まず会社の名は出ない。あいさつの慣習の違いではなくて、根は職業観の違いだと思うと、これも欧米レストラン修行から三年ぶりで帰ってきた若ものの観察だ。

ボールペンの使いすぎで腕や肩が痛むOLがふえている、という本紙の記事に反論した謄写版技術者の投書を読んだ。ガリ版切りに要する力は、ボールペンの比ではない。しかも一日に一万字も書く長時間の持続作業である。指や腕の痛みは最初は耐えがたい。氷で冷やしたり、みんな、じっとこらえて腕をみがいた。

「専門家としての意欲で痛みを克服するのだ。仲間で腕や肩をだめにした話は、まだない」とあった。誇りがにじむような、さわやかな投書だった。

## 三島由紀夫＊11・26

楯の会の三島由紀夫隊長が白鉢巻きで自衛隊に切りこんだ、と聞いて最初は大笑いした。しかし、まもなく彼の割腹自殺をテレビが伝えた。しゅん、としてしまった。

大笑いしたのは「またか」と思ったからだ。戦後の文壇で、このひとほど突拍子もない話題のたねを年々まいてきた作家はない。ボデービルにはじまって胸毛、剣道、ヌードモデル、歌手、自作自演の切腹映画、そして楯の会の観兵式だ。悪趣味で、みっともなくて、狂気のさたは最初からだった。

しゅん、としたのは力も才も確かな大型作家の異常な死を惜しんでだ。日本語の古典的美しさと西欧的論理性が小説や芝居にあった。読んで、まぶしいほどの文体だった。ノーベル賞の川端康成さんと並んで海外での評価も高く、米国の雑誌が特集した「世界の百人」のなかに日本から彼ひとり選ばれたことがあった。

「ぼくは地道にコツコツと銀行家のように仕事の貯金をする」と、三島はいっていた。一方の突拍子もない言動は、本人によると「わざと意識的にやる遊び」だった。楯の会を「芝居だ」といった。二・二六事件を美化した作品も右翼思想であるよりは芸術至上主義的おとぎ話だ、という見方があった。

そういう三島の半面を、世間の常識は面白がって、ゆるしてきた。わからないのは彼の「遊び」が、いつ本気に変わったのかだ。事件の経過は、いかにも三島ごのみの自殺の儀式になっている。陶然として首を切り落とされたのだろうけれど、もし本気だったとすると、なんとまあ非論理的で、はた迷惑で、野蛮な死にざまだろう。

あまり深くは政治的な意味を考えたくない。むしろ戦後文壇史の一事件か、いたましい異常者の一事件だと解釈したい。

## コザ騒動＊12・21

沖縄の人たちは、じつにもの静かな話し方をする。話していて、ああ、なんて気持ちのやさしい人たちだろう、と思う。離島の人たちに独特な人なつこさだろうか。長い抑圧の歴史に由来するのだろうか。しかし、人々はただもの静かでやさしいだけではなかった。

投石し、放火し、殺せ殺せと叫びながら米兵を袋だたきにした、たけり狂った群衆には、警官隊も武装米軍も手がでなかった、とコザ市騒動のニュースにある。終夜、騒ぎを見ていたコザ市長が「二十五年間の怨念《おんねん》をはらしているようだった」と語っている。騒ぎの激しさが想像できる。

コザ市は基地の町だ。近くに極東で最大という米空軍基地がある。ベトナム帰りの黒人兵と憲兵とが、バー街で撃ちあいを演じたことがあった。酔っぱらいのけんか、住民への乱暴ざたは絶えないし、米軍の取り締まりはなまぬるい。まるで準戦場で、むき出しの占領軍意識がまかり通っていた。

土曜日の夜おそく、騒ぎは偶発事故から始まって、盛り場のあちこちに飛び火した。組織的、理性的な大衆運動ではない。バーの従業員とか、酔っぱらいも大勢まじっていたらしい。やけっぱちのリンチ、報復の気味もあったに違いない。

多くの住民は平静に騒ぎを見ていたそうだ。「いつかはこうなると思っていた」と住民のひとりがいうのをテレビでみた。コザ市のふだんがふだんだし、毒ガス撤去問題、女子高校生傷害事件、主婦をひき殺した米兵が無罪になった事件その他「いつかはこうなる」反米の火だねは沖縄全土に満ちている、という感想だろう。

事件ひとつひとつが、どんなに我慢ならないことだったか。もの静かな沖縄県民がどんなに長いこと忍んできたか。それを、この事件であらためて考える。

# 1971年

出かせぎ＊1・15

みんな下をむいてはしをうごかしている
母は何か考えているようだ
おばあさんが
「おっちゃでがせぎさ　いたもの」といった
妹が「いづくるだば」ときいたら
「来年の春までこねだ」といった
みんなだまってめしをくった　（「父のいった夜」青森県　川浪文裕君）

このごろの出かせぎは、傾向は、食うための悲劇型から、がっちりためる金もうけ型に変わったそうだけれど、それでも留守宅の暮らしは調子が狂う。かあちゃんの過労と不安。子どもの浪費、無気力。母娘心中があった。火事騒ぎをおこしたら夫は飛んで帰るだろうと、放火した若妻もあった。

春になって笑顔で帰ればいいが、年々、落ちこぼれが都会に残る。出かせぎ三年で目つきが変わるという。人間がだめになるという。便りはとだえ、仕送りがとまり、やがて家を捨てる。出かせぎ蒸発は①女②ばくち③酒という。何年か後に再会したとき、とうちゃんは死体だったりする。

かあちゃんに他人の死体を自分と間違えられてしまった男がある。出かせぎ落ちこぼれ組だった。大酒のみだった。五年間も連絡が絶え、もう蒸発同然だったらしい。郷里では葬式をだし、墓をたて、喪に服していた。そこへ死んだはずのとうちゃんから年賀状が来た。

「カカァもカカァだ」と、とうちゃん、ぷりぷり怒っている。「三十年も連れそった仲で、亭主の顔を間違えるとは」。しかし亭主も亭主だ。いくら筆無精だって、その五年ぶりのカカァへの手紙の文面がいい。「謹賀新年　本年もどうぞよろしくお願いします　元旦」

ぴかぴかの高層ビルやホテルや地下鉄や、今日の大都会の建設工事といえば、すべて、このひとたち出かせぎ労働者と留守宅の血と汗と涙なしには成り立たない。

## 女の一票＊2・9

スイスで連邦政治への婦人の参政権が認められた。「ウィリアム・テル物語」いらいの人間平等のお国柄なのに、いまごろ婦人参政権かと驚いた。日本では去年、婦人参政権二十五周年を祝ったところだ。

「日本は東洋のスイスたれ」と、マッカーサー元帥が教えた。平和と民主政治のお手本がスイスだった。もうひとつのお手本国だった米国で、去年、男女同権のための憲法改正案がやっと下院を通ったというのにも驚かされた。日本国憲法は、とっくの昔に、性によって差別されないことを決めている。

もっとも、日本の婦人参政権は「マッカーサー元帥の贈りもの」と当時いわれた。「貴重な一票がもらえる」とラジオで聞いて、さっそく配給所に走った主婦があった。「こんどの特配、さつまいも一俵？　それとも炭一俵？」というわけだ。初めて当選した婦人議員たちは、マ元帥のもとにお礼にいったりもした。

「婦人に選挙権を与えたのは間違いだったと思う」と、作家の石川達三さんが大胆な意見を書いているのを読んだ。

「現代の女は流行にもてあそばれている。短いスカアトの次には極端に長いマキシの流行である。しゃれたつもりでいるが、まるでキツネにばかされたようで愚かしい」「逆にいえば、そのように女が浮薄だから、選挙運動という催眠術を用いるのには都合がいい。万々承知の上で政治家は女に選挙権を与えたのかも知れない。その時から民主政治は低級になってしまった」「聞くところによるとスイスでは今も女に選挙権はない。賢明である」（「新潮」三月号）

「浮薄」なのは女だけかどうか。それに、女の問題は男の問題であるだろうし、いまの若い婦人解放運動家は、これになんと答えるか。

### 実験室＊3・31

「人間はどこまで残虐になりうるか」を調べるために、米国エール大学のミルグラム博士というひとが、こんな心理実験をしたことがある。被験者はまったく正常な米国人の男性一千人。

男たちは「先生になってほしい」と博士にたのまれる。その先生役の前で、生徒役の男がある学習をする。そして生徒の答えが間違ったとき、罰として生徒に電気ショックを与えるボタンを先生役は押さなくてはならない。実験は弱い電圧からはじめ、次第に強い電圧にあげていく。生徒役の悲鳴や泣き声も次第に激しくなる。

先生役は青くなった。「こんな残虐な実験はごめんだ」と口々に申し出た。しかし実験主任はいった。「大切な実験です。続けて下さい」。結局、三人に一人は中途でおりたが、残り二人は脂汗を流し流し最高の四五〇ボルトまで電圧をあげた。そこまでやると生徒が死ぬ危険がある、と事前に知らされていたのにだ。

ミルグラム博士らは衝撃を受けた。こうまで残虐になれる人は一万人中一人ぐらいだと推定されていたからだ（この実験じたい相当なものだと思う。生徒役を勤めたのは実はサクラで、電流は通じていなかった。そうとは知らぬ被験者の多くは、実験後、正常に戻るのに精神科医の治療を要したそうだ）。

平時の冷静な実験室でも人はこうなれる。まして異民族相手の戦場で、ぎりぎりの恐怖や敵意を持たされた時、人間はどうなるか。こんど有罪が決まったソンミ虐殺事件がそれだ。東パキスタンでまた新しい殺し合いが始まった。アウシュビッツがあり、原爆投下があり、南京の大虐殺もあった。

人類がもともと平和愛好者だというのは嘘で、残念だが本性は人殺しの習慣をもつ残虐な生きものなのではないかと思うことがある。

憲法記念日＊5・3

「新憲法を記念して、農林省は数え年三歳から六歳までの全国の児童にキャンデー一人当たり六〇グラムを配給する」とあった。昭和二十二年五月三日、日本国憲法が施行された日の新聞の記事だ。そういう、ひもじい時代だった。まだ兵隊靴をはいていて「すべて国民は、健康で文化的な最低限度の生活を営む権利を有する」という憲法の条文を、しらじらしい思いで読んだのを覚えている。焼け跡暮らしに憲法が変にまぶしく「主権者はあなたと庶民おだてられ」の気味もあった。

ひもじくはあったが、しかし不思議に気持ちは明るかった。これでもう、二度と銃を手にとることはないだろう。八月十五日の解放感を、きっぱりと「戦争放棄」の条文が裏づけてくれた。まるまるとふとった新憲法という赤ちゃんの誕生を、国全体が祝福したはずだった。

憲法施行記念式典は、皇居前広場で行われた。当日の記事によると冷たい風雨で、国会議員代表の尾崎行雄が、こういう挨拶をしている。「私は本日のきびしい天候を、この新憲法施行の日のために喜ぶ。なぜならば、たとえ新憲法はできても、この天候のごとく国の前途はむずかしい」

咢堂には見えていたわけかと、今になって思う。満六年目から政府は五月三日の憲法記念行事をやめてしまった。憲法で持てないはずの「戦力」を育てはじめて、政府もきまり悪かったのか。まるで不義の子のように、その後、この憲法は公式に誕生日を祝ってもらえない。

ひもじい時代、国力どん底の時代だから、きれいなことがいえた……かのようなのが残念でならない。経済大国になった今日こそ平和憲法を盛大に祝いたかった。「戦争放棄」「戦力不保持」を繰り返し世界に宣言したかった。

暴露＊6・24

米国防総省の「ベトナム戦秘密報告」を読むと、国家がどんなに嘘つきであるかが、よくわかる。表向きは戦争不拡大を唱えながら、実際は逆に挑発戦略を仕組み、ひそかに軍隊の攻撃計画を許している。

国家は、実に注意深く巧妙に事実をかくして、議会や国民をあざむく。議会や国民がまた、まんまとだまされる。同盟国や南ベトナムの要人まで工作にあやつられ、踊らされてきた経過も、この報告書でわかる。戦争の内幕の醜悪さ、非情さを伝えて余すところがない。

意外だったのは、この報告書が当時のマクナマラ国防長官の命令で作成されたことだ。この人こそベトナム戦争拡大の責任者のひとりである。しかも自分のあやまちを将来ふたたび繰り返さないために、事実の客観的な記録と徹底的な分析をしておく必要があると考えた、と伝えられている。

普通この種の秘密文書は二十五年間は公開しないものだそうだが、まだ戦争が終わらないうちに暴露されてしまった。国内の動揺ばかりではなく、全世界に嘘が知れわたった結果、同盟国政府まで騒ぎにまき込んだ。どんなに米政府がやりにくくなったかが想像できる。

一時的に国家の威信は傷ついたかもしれない。ほとんど一国の破局と呼んでもいいほどの事態だ。しかし、嘘で固めた威信とは一体なんだろう。長い目でみれば、この暴露が米国のほんとうの威信を回復するきっかけになる、という「ニューヨーク・タイムズ」紙以下の信念の固さは見事だ。

嘘を許さない米国人の良心の声をきくようである。まだまだ大丈夫な国だな、という思いもある。

## カッコウ＊6・27

「背中をかいておくれ」と母親がいうのに、息子はきかない。母親は仕方なく崖で背中をこすっているうちに、谷川に落ちて死んだ。息子は悲しんで郭公《カッコウ》になり、母の背中を「かこう、かこう」と泣き続けた、と信州の昔話にあった。

雨のこやみに、信州佐久の森で郭公の声をきいてきた。霧の巻いた緑の奥の、そのまた奥で郭公は鳴いていた。近づくと強く鋭くクワックコーと、まるで九州人のような発音になる。閑古鳥ともいう。名の通りカンコー、カカンコーと、少しはずんで響く鳴き方もあった。

そう思ってきくと、いかにも人恋しそうな呼び声だけれど、郭公には奇妙な、ずるい習性がある。自分では巣を作ろうとせず、モズやホオジロの巣に忍び込んで、巣のなかの卵を一個くわえて捨て、かわりに自分の卵を産む。孵化は巣の持ち主にまかせるのである。

小林清之介さんの「動物歳時記」によると、郭公の卵はほかの仮親の卵より早く孵化する。そして早くかえった郭公のヒナは、親ゆずりの本能で残りの卵を自分で巣の外にほうり出してしまい、何も知らない仮親の世話を一身に受けて育つという。昔話の親不孝な息子と、どこか似ていないか。

郭公の名は鳴き声に由来する。これが中国ではクオコン。英国でクックー。ドイツでククック。各国ほぼ同じ名であるのは珍しい。それだけ郭公の発音が明快だからだろう。犬だと日本語でワンワン、英国でバウワウとなく。もしかすると郭公は万国共通語のエスペラントで鳴いているのかも知れない。

郭公の森はレンゲツツジの盛りで、霧のなかの朱色が炎のようだった。

## 観光道路＊8・5

環境庁長官の大石武一さんが、尾瀬を視察して、いった。「自動車道路をつくって、自然をめちゃくちゃにして、こんなことが観光開発といえるのかね」と。

なんでもない言葉のようだが、これがいま自然愛好者の間で大変評判になっている。尾瀬に限らない。道ができる。わっと車がいく。たちまち一帯の荒廃が始まる。いくら反対しても破壊はやまなかった。そこへこの大石発言だ。大石さんは全国の道路、林道計画を洗いなおすともいっている。まさに、いってほしいことを大臣はいってくれた。大臣さえその気になれば、日本の観光（破壊）行政は変わるだろう、というのだ。大石さんはまた高山植物に非常に詳しくて、一緒に尾瀬を歩いた記者団を驚かせた。これもいい話だ。こんな大臣は今までなかった。道路批判も多分、付け焼き刃ではないぞ……。

喜んで、まるで希望の星のように彼を持ち上げる人もいたけれど、さて、どうだろう。尾瀬視察から帰った閣議で、大石さんの自然保護論や道路批判は、あちこちの関連大臣から文句がついた。孤立した大石さんに助け舟をだす閣僚はなく、あとで、ドン・キホーテだとか悪のり大臣の評まで出る始末だ。

東北大医学部の助教授から転向したインテリで、人柄は温厚、清潔だが、ただし力は弱い、と政界でいわれる。もっとも、公害対策であまり強力に仕事を進められては党も政府も困るわけだろうし、道路一本いじるのにも利害、利権がからむ。まだまだ喜ぶのは早いし、大石さんの行く手はきびしい。

環境庁という役所は、東京・千駄ケ谷の温泉マークの真ん中にある。環境問題で闘志を燃やすのには、まことに環境絶佳だそうだ。大いにがんばってもらわなくてはならない。

## 被爆者の夏＊8・6

「夏がくると、毎年、おかしくなるんだ」と彼はいった。去年も同じことを彼がいっていたのを覚えている。おかしいって、どうなんだと、今年、つゆ明けのころ聞いてみた。彼が広島の被爆者であることを、そのとき初めて知った。

おかしいって、どうなんだ。「どうも、いけないんだ。だるくて、朝からねむたい」。だれだって、この暑さには参る。「うん、夏負け。ぼく自身、ふつうの夏負けだと思いたい。それが、ぷつぷつ、はだにできる。まだらに青くなったりね。やはり、あれかなと思う」

みてもらったの。「何回も。いつも赤血球が足りない。しかし、それでどうだとは、だれもはっきり示さない。モツでも食って寝てろだ」。薬は。「ない」。かなわないな。「まぁね、人並みに子どももできたし、忘れてしまいたいんだけど、夏になると不安がよみがえる。どういうわけか」

八月六日の記憶が、心の奥で動くのか。「かも知れない」。死んだ肉親とか。「家族は疎開していて、中学生だったぼくだけ動員で町にいた。ああいう狂った光景の一部分が、実際におれのからだの変調になって残った」。ほかの空襲とは違う。「すこし違う」

彼と知りあって十年をこえるのに、うかつだった。被爆者とは知らなかった。「いわなかったかな。いうと、ぼく自身こわくなるし、それに変な温情かけられるのがいやで」。もうたくさんだって顔も世間にある。「ある。あるけれど、ぼくの感じは逆だ。まだまだ被爆者は沈黙している」

彼は、東京の普通の会社の普通の中堅社員である。「このごろいわれるように、本当に被爆体験が風化してくれたら、いくらか夏も涼しくなって楽なんだが」。そういって、彼はわらった。

## 身長と平和＊8・9

昭和十四年ごろの日本の大人の平均身長は、男一六五センチ、女一五三センチだった。それがいま、男は十五歳、女は十四歳で戦前の大人と同じ背になる。戦後っ子の成長、成熟の早さは、目を見張るばかりだ。

食べものがよくなったからだ、という。各国の八歳の男子の栄養摂取量と身長を調べた統計では、十年前の日本人はチリ、ヨルダンなど中進国なみだったが、いまは次第に欧州諸国の水準に近づいた。大人の平均身長も今世紀末には米国人並みになるだろうといわれる。

ホルモン説もある。栄養のいい食事で発達した脳下垂体に、戦後風俗の刺激が加わって各種ホルモンの分泌がうながされ、発育を早めたというのだ。テレビとか、はでな消費生活とか、男女共学、性の解放もあるだろう。少しぐらい栄養が悪くても、刺激の強い大都会ほど大きな子が多い。

平和が日本人を大型化したという解釈はどうか。統計でみると、戦前、着実に伸びてきた体位が、昭和十五年以後、あの戦争の間に一度がっくりと落ちた。戦後も二十七、八年ごろになって、やっと戦前の水準に戻り、あとは驚異的な早さで急上昇を続けるのである。

本紙日曜版の今週の「生活カレンダー」は、まるで終戦日誌を読むようだ。昭和二十年八月八日、ソ連参戦。九日、長崎に原爆投下。十日も十一日も十二日も十三日も、連日連夜、数百機の空襲をうけたすえ、十四日「御前会議で聖断下る。天皇陛下、詔書を録音。阿南陸相自刃」とつづく。

当時、背の低い日本人は防空ずきん、もんぺ姿で爆弾や機銃弾の雨を逃げ回っていた。いま、おなじ町を背の高い日本人が海辺のような姿でいく。すらっと伸びた娘さんたちの足が美しい。ああ、平和はいいな、と思う。

## フルシチョフの死＊9・14

フルシチョフの死を、ソ連共産党機関紙「プラウダ」は、死後二日たってから、わずか六十語の簡単な発表文で伝えた。西側各国の新聞がトップ記事で扱ったのに比べて、なんという冷淡さかと驚く。

失脚後七年になる。過去の人には違いないけれど、戦後世界に残した業績は大きい。非スターリン化の英断に踏み切り、東西関係に雪どけをもたらしたことで、フルシチョフは世界を変えた。また国際舞台での陽気で型破りな言動が、ソ連という国の印象の暗さ、恐ろしさを随分やわらげた。

この人の自由化政策でロシアの民衆の顔も明るくなったはずだが、ところが国内では意外に不人気だったらしい。彼はスターリンの神格を引きずりおろし、かわりに物価を上げたという。弟分だった中国を敵にまわし、東欧共産圏の国々の反乱を誘ったともいう。

権力の座を退いた政治家によくある運命の残酷さ、かもしれない。先人の偉大さをたたえるよりも、その非をあばくことで後継者は保身をはかる。あるいは「英雄に対して国民は恩知らずなものだ」とドゴールが語っている。第二次大戦の英雄チャーチルが戦勝直後の総選挙で負けた時の言葉だ。

そのドゴールが内政の失敗で大統領を退くと、こんどは英国紙が「やはり国民は恩知らずだった」と書く。今日の政治の世界は、魅力ある政治家が失敗する時代だ、との説も聞いた。複雑で巨大な現代社会が必要とするのは、フルシチョフ型より後継者ブレジネフのような地道な管理者型だというのだ。

たしかに人間ひとりの指導力でかじをとるには世界は広すぎるにしても、去年から今年にかけて、スカルノ、ナセル、ドゴール、そしてフルシチョフといった個性ゆたかな名優の死があいついでいる。舞台がさびしくなった。

## もみじ＊10・31

もみじの色の、年による変化、美しさの当たりはずれは、春の花より激しいように思う。花にも早いおそいはあるが、咲かない春はない。同じ山のもみじで、照り輝くばかりな年と、ねむいパステル画のような年があり、色づくより早く枯れてしまう年もある。

もみじの発色の濃淡、鮮明度をきめる条件が、それだけ花より複雑だからだろう。秋に日照が多く、夜の冷え込みが強い年ほど、もみじは一般に美しいという。そして日照や冷え込み時期の大切さは、木の種類によって違う。尾根のもみじと、谷のもみじとで、また違う。

散りぎわの二、三日が特に色の深いもみじがある。かなり日数をこらえて、一気に散り果てるもみじがある。色づきながら散り急ぐもみじがある。白い葉裏をみせて、くるっくるっと回転しながら散るのがあり、ゆったりと舞い、滑空飛行して散るのもある。

上信国境の山の村の、ナラの林のなかで、二日間すごしてきた。よく晴れて、とりどりのもみじのトンネルが林の奥の奥まで澄んで見え、ひと風ごとに、かわいた音をたてて、全山一斉に錦《にしき》が騒ぎだすかのような落ち葉が続いていた。

もみじは、はらはら降り、どんぐりは、からから直線的に落ちてきた。かちっ、ぱしっ、といった勢いで枯れ枝に命中して宙にはね返り、枯れ葉のじゅうたんを貫いて、めり込んでいく。どんぐり時雨《しぐれ》という言葉があるかどうか、屋根をたたく音のすごさで、夜中に目を覚ましたりした。

戦前の中学生の英語では、秋はオータムだった。今の子どもたちは、秋はフォール（FALL）と習うらしい。秋は葉が落ちる季節だからフォールという。どんぐり時雨に打たれながら、そのフォールという英語の感じをあじわっていた。

## 落ち葉の色＊11・29

小春日和といえば寒さのまえの、半日か一日かの思わぬ暖かさのはずだったけれど、先週、東京では小春日和が一週間も続いた。休日の午後の公園の森で、コジュケイが鳴くのをきいた。暖かさに、だまされたような一声だった。

その公園は、東京の町なかでは珍しく手つかずの自然のまま、森や水が保存されているので知られる。もみじは終わって、枯れやぶにカラスウリの赤い実が宙に浮いたように、うらうら日を浴びていた。「あれ、霜焼けの薬ですよ。縁日で昔、売ってました」と公園の管理のひとがいった。

森の小道にはいると、落ち葉が美しかった。「ほら」と公園のひとが、ミズキの落ち葉の柄を折ってみせた。うまく折ると、切れずに糸をひいてぶらさがる、子どもの遊びだ。落ち葉一枚一枚の、黄から赤の間、あるいは灰色から黒の間の、色の変化の多さに驚く。

とりどりの落ち葉の色素が、これから、ひと雨ごとに洗われて分解し、化学変化を重ねて、やがて茶褐色一色の冬の土の色にかえるのだと、これも公園のひとに教えてもらった。公園のひとは、ひざまずいて落ち葉をかきわけ、指で少し土を掘った。五ミリほどのトビムシが、ぴょんとはねた。

枯れ葉をミミズやワラジムシの類が食べる。そのフンをトビムシが食べる。またそのフンを、もっと小さなトビムシが食べる。そしてそのフンを一平方メートル当たり何万匹もいる、目に見えないトビムシが食べ……やわらかい葉だと一年で栄養たっぷりな土壌になるのだそうだ。

この森の公園は、午後四時半の閉園だが、午後三時までで入園者を締め切る。三時半を過ぎると、家族連れやアベックが潮の引くように帰っていき、四時には、ほとんど人影もない。暮色と一緒にカケスやカラスの群れが足元近くまでおりてきて、さわいだ。

## 白夜＊12・21

「留学の吾娘に白夜の冬来る」という句が朝日俳壇にあった。北欧で冬を越す娘さんを思った句だろう。しかし惜しいことに、この句は季節をとり違えている。選者も指摘していたが、白夜は冬でなく夏あらわれる現象なのだ。

北緯五〇度以上の北国では、夏、極端に夜が短い。そして六月の夏至を中心とする一定期間、おそい日没のあとの薄明が終わらないうちに、いつのまにか朝の薄明に移って日が昇る。これが白夜だ。

# 1972年

一晩中真っ暗にはならない。月夜よりもはるかに明るくて、屋外で新聞が読めるほどだそうだ。もっと高緯度の北極圏では、常昼といって、白夜どころか一日二十四時間、全く太陽が沈まない期間がある。これが冬になると、夏とは逆に、一日二十四時間、全く太陽が顔をみせない期間がある。あす二十二日の冬至がその中心で、夏の常昼に対して、常夜という。

「冬の星次々消えて白夜なる」。平価調整問題で東奔西走する水田蔵相が、十一月末からのローマ会議にむかう途中、北極上空の機中でものした句だそうだ。ご苦労さまだけれど、この句も間違った。冬の北極に白夜はないし、冬の北極は常夜で昼間も真っ暗だから、星が消えることはない。

雪と氷におおわれた北極海やシベリア北辺一帯を、こうして三カ月ほど、深い暗やみが閉ざす。冬の寒さの源であり、日に日にたまった寒気が時々はけぐちを求めて南に吹き出してくるのが寒波だ。こよみのうえでは、冬至は冬の真んなかに当たるわけだが、実際の寒さは冬至のころから本格的になる。

白夜の間違った使い方をもうひとつ。今年いちばんのヒット歌曲という「知床旅情」に「はるかクナシリに白夜は明ける」とある。事実は知床、クナシリに白夜はない。

## 社会奉仕賞＊1・14

長野県の山また山の町にある佐久総合病院を訪れて、あまりの立派さに驚かない人はない。ベッド数七百六十の堂々たる大病院を見あげて「奇跡だ」となった役人がある。その病院長で農村医学の開拓者・若月俊一さんに社会奉仕の朝日賞が贈られた。

立派なのは外観だけではない。医者も設備も大学付属病院なみの実力を持つ。お医者さんに限らず、生活環境とか子どもの教育を考えて、地方勤務をいやがる人が多いが、この病院は別だ。若月さんの人柄や農民への奉仕精神に打たれて、これだけ多数の優秀な医者、技術者が集まったのだという。

農村医学というけれど、病気に都会も農村もあるものか、と人は思うだろう。ところが若月さんによると農村には困窮、多忙、不衛生、食生活など特殊な病因がある。しびれ、腰痛、農繁期の手首の痛み、農薬中毒、耕運機流産その他。全体を若月さんは農夫症と呼んだ。

今でこそ農村医学は国際学会まである。しかし昭和二十年春、若月さんが東大外科から佐久の山奥の小さな診療所に来たころ、農民の健康をかえりみる医学はなかった。若月さんは農村の生活にはいって手さぐりで農夫症を勉強し、少しずつ診療所の力を拡大していった。

農民に健康の大事さを目ざめさせること、土地の有力者を口説いて大病院の建設にお金を使わせること、ひとつひとつ都会育ちのインテリには大変だったに違いない。まわりの人々に聞くと、実に気さくで、書生っぽくて、村のつきあい酒なども楽しそうにつとめる律義な人柄だという。

「社会奉仕」という言葉自体、今の世に得難いもののように思う。しかも一人のお医者さんの長年の努力が大勢の理解者、支持者を集めて実り、これを手本にした農村の病院が全国あちこちで建ちはじめたと聞くのは心強い。

## 札幌五輪＊2・12

70メートル級ジャンプに続いて90メートル級もと、ついテレビ応援席まで欲ばりになっていた。笠谷選手のスキーが、いつになく乱れて落下した。だめだとわかった時、あ、あ、あ、と声が出てしまった。正直なところ、落胆した。

スイッチを切って、反省する。なんだ、いい大人が興奮して。「こういう過度の期待が選手の足を引っ張った。だから日本人は」と、きっとあとでスポーツ評論家にしかられるぞ。たしかに70メートル級の勝利だけでも奇跡的なのに、奇跡を当然のこととして、勝て、勝て、いわれてはかなわない。むごい話だった。かわいそうに。

けれども、一体なぜ雪や氷の上の走りっこ、飛びっくらを見て、気持ちがたかぶるのかも考えてみた。闘争本能だという説がある。文明は進歩したが、人間のからだは森で動物たちと競争していた時代と変わらない。力を尽くして争うスポーツに、人間は本能的な喜びを感じる、というのである。

勝負の迫力に加えて、レース前後にテレビが大写しにする選手たちの緊張や苦悶の表情がいい。ドラマだな、と思う。あだ名を怪物というオランダのシェンク選手さえ、スケートで三冠王になった時、壁に顔を寄せて泣いていた。青春の美しさと、すこし痛々しさもあって、あの情景には感動した。

スポーツ好きならだれでも知っている楽しさ、面白さ、充実感だ。ところがオリンピックでは、ここへ国籍、国旗、国歌が出てくる。本当は勝利者その人の栄誉をたたえるための儀式の小道具が、へんに主人顔をしだす。日本勝った、日の丸ばんざいになる。前の70メートル級表彰式の時の放送の感涙絶叫調に、それがあった。

それはそれで、また別の壮烈なドラマだとしても、もうスポーツという遊びからは遠い。一転して今度は敗者をむち打つことにならなければいいが。

## ニクソン訪中＊2・22

北京からの歴史的なテレビ中継は、カラーの調子が少し変だった。ニクソン米大統領夫人のコートが最初は赤く、あとでは青く映った。しかし北京の冬景色は美しかった。風で旗がひるがえったり、大統領がはく息の白さまで映った。

はじめテレビは人民解放軍の儀仗兵を映した。びっくりする程よく背たけをそろえた整列である。そこへ大統領専用機が着く。真っ先に大統領夫妻がタラップを降りて来る。降りながら大統領は拍手をしかけて、途中でやめてしまう。おやっ、とテレビ観客席は思う。あれは何だったのだろう。

ニクソン夫妻の笑顔に比べて、周恩来首相は表情がかたいように見えた。それがいつもの顔かどうかは、わからない。閲兵のとき周首相は右腕を横腹にあてている。むかし負傷した腕だと解説者がいう。これも多くの人には新知識だろう。なにしろ中国からのテレビ生放送は初めてなのだ。

歴史的なテレビ・ショーだからと、熱狂的大騒ぎを期待した人には、意外に地味で冷ややかな歓迎に見えたに違いない。ドラや太鼓は鳴らず出迎える民衆の列もない。天安門前広場を通過する一行の車の列が映ったが、自転車で通行中の市民は一行に目もくれない。知らないのか、それとも知らんぷりでやりすごしたのか。

いろいろに解釈できる。一見冷たいようだが周首相以下礼儀は尽くしており、国交のない国の元首に国民的歓迎をしないのは当然だという説。あるいは、ショー的効果をねらった米国に対して、中国側は「押さえた歓迎」で意図的に原則のきびしさを示したのだろうとの見方。

中国の風物や町や民衆を初めて生放送で見る楽しさと、同時に、世界政治を左右する米中要人たちが、ともにテレビを意識しながら外交戦略の火花を散らす生ぐさささも見えるようで、面白かった。

## 凶悪犯＊2・25

ひとつ、提案したいことがある。どんなに非人道的で反社会的で常識をふみにじる凶悪犯でも、それを直ちに狂人とか狂気、気ちがい、精神病と呼ぶのはやめようではないか。

実際に狂人であるかも知れないし、凶悪犯に対して世間が怒り、恐れ、興奮するのは当然だ。しかし、だからといって「狂人！」ときめつければ事柄が解決するわけではない。深くは考えずにいい捨てる形容詞の一種だとしても、憤りをいい表す最後のことばが狂人であるように見えるのが気になる。

ここで注意してほしいのは、ひとつは現実の精神病患者の気持ちだ。患者たちも新聞を読み、テレビを見ている。凶悪犯人を軽率に狂人呼ばわりすることが、どんなに患者たちを傷つけてきたか。精神病者の犯罪率は、実は常人より低いのだ。多くの精神科医は、おそらく数分の一にとどまると見ている。

精神病者は、加害者であるよりは、むしろ被害者だといってよい。いらいら社会や人間関係から発病した被害者であり、また十分な医療を受けられないという意味でも弱い被害者の立場にある。無知、無理解による世間の偏見が治療をさまたげたり、社会復帰をむずかしくしたりもしている。

それに、見境なしの狂人扱いは、ひとつ間違えると政治に利用される心配がある。昔、反ナチ運動家が精神病の名目で病院に強制収容されている。最近はソ連で「反国家活動をした知識人が精神病院に拘禁された」として作家のソルジェニーツィン氏らが抗議運動を起こした。

もちろんこれは「凶悪犯に甘く」という提案ではない。ただ、理解にあまる凶悪犯を狂人と決めてしまえば何か気持ちがすんだように思う傾向はあぶない。それこそ甘い、といいたいのである。

## テレビ・ショー＊2・27

茶の間のテレビがばかに忙しい一週間だった。軽井沢の人質籠城事件の現場中継に始まり、北京からのニクソン訪中の中継が続いた。どうなったかと気になって、つい見てしまい、その都度はらはらしたり感心したりする。

まがまがしい事件、歴史的な首脳会談、なにもかもをテレビはショー化し見世物化して強烈な印象を私たちに与える。逆にまた、こういうテレビの働きが政治を動かし、事件の様相を変える。籠城犯は明らかにテレビを意識しているし、警察側の作戦もテレビを計算にいれているに違いない。

訪中の旅をテレビ・ショーに仕立てたニクソン米大統領のねらいは、見事に的中した。「ニクソン・チャイナ・ショー」を見るために米国人は寝不足気味になった程で、みるみる全米に中国熱が盛り上がってきた、と本紙特派員は伝えている。

しかもそれが、ただニクソンの選挙作戦に乗せられたのではないところが面白い。中国側も綿密な計算と演出とでテレビ作戦を利用し、その結果、スリルも迫力もある外交ドラマになった。まだ会談の成否はわからないが、各国民衆が北京からの中継を見つめた事実を抜きにしては評価できないはずだ。

テレビで見る米中会談と人質籠城事件と、共通するものが二つある。ひとつは会談と山荘の中身が全然わからないこと。もうひとつは日本の政治が両事件に全く無力、無反応で、適応力を持たなかったことだ。人質籠城が政治事件かどうかは疑問もあるが、若者の心の荒廃は、これは軽視してはいけない政治課題である。

雪の万里の長城で中国民衆と語る米大統領夫妻をテレビは見せ、雪の軽井沢にとどろく銃声を同じテレビが伝えた。で、一体、日本の政治は何をしているんだと、人々は思ったろう。茶の間のため息がきこえるようだ。

## 赤軍の残党＊3・11

群馬県の山中に隠れていた二十数人の「連合赤軍」のうち十三人が逮捕され、残りは逃走中という話だった。ところが残党の多くは、実は仲間に殺されていたという。穴の中から男女の全裸の死体が次々に見つかっている。

なんとも恐ろしい事件だ。おととしの日航機乗っ取り事件いらい、銃砲強奪、銀行強盗、爆弾テロ、浅間山荘の人質籠城事件まで、この一派のやることは一々衝撃的で、そのつど世間は恐怖を覚えた。同じ凶悪さ、同じ人殺しだが、しかし今度の仲間殺しには、また異質な恐ろしさがある。

過去にも何件か新左翼各派の間の内ゲバ殺人、リンチ殺人はあった。しかし今までのは、やっているうちに死んでしまった形のものが多かった。それが今度は仲間どうしで、しかも一時に多人数を殺害している。死体を穴に隠したり、女の活動家が殺されたのも初めてである。陰惨さは前例がない。

リンチ指揮者は「組織防衛のため、脱落者を消した」と自供しているそうだ。追いつめられた山中で、戦術上の意見が分かれたか何かで仲間割れし、一方が一方を裏切り者として処刑した。あるいは、逃亡して警察にでも通報されるのを恐れ、見せしめに殺したのではないか、と記事にあった。もしそうだとしても、二十数人もの集団が、どういう経過で仲間を次々に殺害できたのか。およそ世間の理解と想像を遠くこえている。浅間山荘事件をみても、愚かで、未熟で、冷酷で、何をするかわからない連中だとは知っていた。その、わけのわからなさが今度で窮まった感じがする。

記事を読むのさえつらい、いやな事件だけれど、異常であればあるほど、なるべく詳しい資料の発表を求めて、事件が意味するものは何かを考えたい。

## 外交秘密＊4・5

外交交渉をまとめるのに秘密保持が必要なことは、これは常識である。交渉だから、当然、対立する自国の立場と相手国の立場があり、いちいち経過が公開されたら相手は迷惑するだろう。どの国でも、重要な外交交渉ほど国民感情は排外的に傾きやすい。交渉につきものの譲歩や妥協が途中でもれ、それで反対の国民感情が燃え上がったりすると、理性的な交渉ができなくなる。解決が変にゆがめられる恐れがある。その範囲では、外交の秘密は国益にかなうものだといえる。

しかし、だから交渉は何もかも秘密で、ということにはならない。むしろ秘密はなるべく限定して、自国の基本姿勢や提案内容を具体的に国民に知らせるべきだ、という考え方もある。知らせることで世論の支持が得られれば、それだけ相手国への圧力になり、交渉が有利に選べるからだ。

また秘密交渉には、こういう危険がある。本来は妥当な解決を追求するための手段であるのに、反対に、理不尽な交渉を国民の目から隠したり批判をかわすために政府が逆用する場合である。つまり、秘密が許されるからといって、政府は嘘をついてはいけない。

沖縄返還交渉の秘密電報が国会で暴露され、政府の政治責任を問われたのが、ここだった。交渉の途中で一方的譲歩を重ねた疑いがあり、しかも問題点を国民には説明しないですませる方法を相談した事実が表面に出た。途中の秘密はいいが、交渉が終わった今もなお暴露されて困るような嘘が、果たして国益といえるか。

秘密電報の複写をもらした外務省職員と受け取った新聞記者が逮捕された。それと、話の本筋とは区別して考えたい。

### 続・外交秘密＊4・6

もしも「毎日新聞」の西山記者が極秘文書を入手できなかったら、あるいは入手しても何かの形で公開されなければ、沖縄返還交渉のからくりは、恐らく永久に秘密資料のなかで眠っていただろうと思う。

表面のきれいごととは違う交渉の実体を、あの文書はありありと証明してくれた。国会で証拠をつきつけるまで、政府は知らぬ存ぜぬと嘘をいって逃げていた事実も知った。ほかにも何か政府は隠していはしないかと人々は疑いだした。ひとつ、国民は利口になった。

ところが、いま起こっているのは、こういうことだ。国民をだました政府の政治責任のほうは、形だけの首相の所信表明で一応すんだことになっている。そして、その翌日、待ってましたとばかり、極秘文書をもらした外務省事務官と受け取った西山記者が逮捕され、刑事責任を問われている。

政府は法律上の筋を通したつもりかも知れないが、一体あの秘密を永久に秘密にしておいたほうが良かったのか、それとも秘密をばらしたほうが良かったのか。どちらが国民の利益かを考えると、このような刑罰権の行使ぶりは、いかにも片手落ちで、釣り合いを欠くように見えるがどうか。

同業だから西山記者をかばうわけではない。新聞だけがきれいな顔はできないことも承知している。極秘文書が社会党の手で公開されるまでの経過や、取材源つまり外務省事務官に迷惑をかけないための配慮などで、職業倫理上いくつかの疑問点を残してはいる。

けれども、この事件がきっかけで、政府に都合の悪い事実が新聞にすっぱ抜かれると、いちいち警察の捜査が始まるのではないか。新聞にとってと同時に、社会にとって、いやな事態になった。

## 新聞批判＊4・15

機密文書すっぱ抜き事件、国民の知る権利などをめぐる国会論議がひとまず終わったところで、文書をもらした蓮見元事務官への世間の同情が高まっている。第一は処分の不公平さについてだ。

どう考えても、国会で嘘をついた佐藤内閣の責任が最も重い。これで内閣が倒れてもいい程なのに、事実は首相が国会であやまっただけで形をつけた。福田外相や外務省高官の処分がまた注意、戒告、減給どまりだ。責任が重い人ほど処分は軽く、一番弱い蓮見さんは懲戒免職になった。

なるほど常識からいえば秘書が機密をもらすのは悪だけれど、政府に都合のよい機密なら高官がよくもらす。都合の悪い機密だったから蓮見さんは首になった。しかも今度の機密もれは、多くの国民にとってプラスだった。蓮見さんは恩人だという見方もできて、何か割り切れない感じが残るのだ。

この人に世間が同情するわけは、もうひとつある。理由は何であれ、新聞がニュースの取材源を守れず、「迷惑をかけない」という約束を裏切る結果になった。また記者と一緒に逮捕されたあと、法律でいう「そそのかした」記者が「そそのかされた」蓮見さんよりも早く釈放された経過だ。

必ずしも政府弁護の立場からではなく、人々の間から「新聞は自分のことは何でも正当化し、無反省に同業の記者をかばうのではないか」と疑う声がでるのも聞いた。本当なら「新聞は国民のもの」だし「新聞の自由は国民の自由」であるはずだった。新聞への理解と信頼がゆらいでいるのを感じないわけにはいかない。

蓮見さんへの世間の同情が、半面で痛烈な新聞批判になっていることの意味を、新聞人として十分かみしめたいと思う。

佐藤引退＊6・18

「テレビカメラはどこだ」「NHKは真ん中」「新聞記者は帰ってくれ」「新聞は偏向しているから大きらいだ」。引退挨拶のテレビ会見で、ぎょろ目をむいて佐藤首相がどなった。

「カメラはどこだ」とさがす、その顔が、ちゃんとテレビに映っていて、こっけいだった。ところが、首相は実は知っていたのだとの説もある。つまり、本番と知らずに、うっかりああなったのではなく、知っていて演じたらしい。首相は本心テレビが好きで新聞はきらいなのだと見える。

「新聞はスポーツ欄しか読まない」と岸・元首相がいった。ドゴール元大統領も「あらゆる新聞を敵に回しても私にはテレビがある」と語ったことがある。権力者がみんな新聞よりテレビを好むのは、テレビは力で統制できるからである。フランスのテレビは国営だし、日本では免許制だ。

佐藤首相はまた「テレビは真実を伝えるから」といった。事実テレビは話が生で伝わる。新聞は要約し注や論評がつく。しかしテレビだって編集し、演出もする。気に入らないとすぐ偏向だと権力者はいうけれど、何が偏向しているかは視聴者や読者が決めることだ。

その「真実」についてだが、七年余の長期政権で佐藤首相が一体どんな真実を語っただろう、とも考えた。真実どころか「ある」ことを「ない」と政府が嘘の答弁をしたのが沖縄極秘文書問題だった。日米繊維協定にしても、首相が常々真実を語っていたら疑惑も密約説も出なかったろう。

「真実」といえば、なるほど昨日のテレビは、どなり散らしたり、机をたたいたり、感情的で見苦しい首相の往生ぎわの「真実」を生のまま伝えてはいた。

## 戦死した兄＊8・15

戦死した兄をいたむ文集「妹たちのかがり火」を読む。心やさしい兄さん、ひょうきんものの兄さん、一家の希望である兄さんが次々に登場しては去っていき、二度と帰らない。そういう手記だとわかっていながら、読むのがつらかった。

出征を送り、戦死の知らせを受けた日、筆者たちは幼かった。壮行会に背を向けて台所で石のように動かない母親の姿を見る。遺書が届いて家中が無口になる。軽い白木の箱がかえる。兄嫁の自殺。泣きすぎて目をわずらった母親がある。あたり散らすだけの父親がある。

おろおろしていた少女が今は主婦になり、子供があり、子供は当時の兄さんの年齢に成人した。当時の父母の悲しみの深さを知る。また死んだ兄さんが、二十何歳の姿のまま、年老いずに心に定着しているのに気づく。死んだのが自分の息子だったように思うことがある。

国や軍や、嘘つきの当時の新聞などへのうらみごとは、編者の仁木悦子さんが書いているように、一面的で、たどたどしい。しかし、こらえにこらえて、いわずにはいられないといった語り方である。親や子や、自分の身辺の実感から「戦争はイヤです」と決意する。それだけの強さがある。

兄さんたちの短い略歴に戦死地がのっている。中国山西省、ニューギニア・ウエワク、フィリピン・レイテ島、ノモンハン、ビルマ・ラングーンなどとある。それぞれの戦場で、同じように相手側もまた大勢の兄さんが戦死し、妹たちが悲嘆にくれている姿が想像できる。

八月の空と緑の濃さを見上げ、草いきれのする道を歩くと、なまなましく戦争の日々がよみがえる。

八月十五日が、またやって来た。

## 高い米＊9・12

カリフォルニア米の値段は日本の米の三分の一で、味もそうは違わない。「安い米を輸入したらいいのに」という声をよく聞く。「米を買って工業製品を売るべきだ」「水田を宅地にすれば地価も下がる」「農業なんかやめたらどうか」といった極論まで一部で聞く。

もちろん、そうそう簡単な話ではなくて、これには強い反論がある。かりに農業をやめて百パーセント輸入に依存した場合、戦争とか長期間の港湾スト、世界的凶作が起こったら、たちまち食糧危機に襲われる。また今は米が余っているが、長期の見通しでは世界の食糧は足りない。

その種の危機や異変を考えるなら、「石油だって同じことだ」というかも知れない。日本は石油の九九パーセントを輸入している。輸入がとまれば経済は麻痺してしまう。しかし、そういう不安のある国だから、だからこそ最小限「食糧だけは自給できるようにしておいたほうが良い」というのだ。

また、こんな反論もある。たしかに農業は経済効率が悪い。けれども一方、今までの日本経済は効率一点ばりで急成長してきた結果、めちゃくちゃな環境破壊をもたらした。農業は反対に環境を保全し、改良しながら生産をあげてきた。農業は国土をきれいにする。

見たところ無駄が多いようだが、今になって、人間生活を尺度にして経済効率を測りなおしてみれば、農業かならずしも効率は悪くない。「そう馬鹿にしたものではない。人は農業をただ食糧生産手段として見るから間違える。果たして農業なしに人間は暮らせるだろうか」というのである。

農業切り捨て論となると、やはり乱暴だと思う。しかもなお「なぜ、こんなに高い米を買わされるのか」という疑問が消費者にはある。

## 静かな空間＊9・14

「市民の皆さん、騒音の苦情をどんどん申し出て下さい。違反者に科せられた罰金の二五パーセントを賞金として差し上げます。賞金は最高十五万円です」と、こういう珍しい、痛快な条例がニューヨーク市で決まった。

記事を読んで、あるいは人は「ニューヨークって、それほど騒々しい町なのか」と思ったかも知れないが、そうではない。東京よりも実は静かなのだ。しかも、こんな苦情奨励金まで出して「町をより静かにしましょう」と市民の協力を求める。大胆な着想が素晴らしい。

条例はまた、たとえば、電車やバス内でのラジオを禁止した。もの売りが鳴らす鐘を制限した。音に対する敏感さ、市民生活への心くばりのこの細かさはどうだ。日本では空港や新幹線騒音こそ問題になっているが、その他の普通の町の物音については、まだまだである。

日本の都会で、今ただちに全面禁止を検討していいと思う騒音の一例をあげる。街頭スピーカーのすべて。無線タクシーの無用な応答。同じく運転手のラジオ。列車、電車の車内放送。食べもの屋のテレビ。喫茶店やバーの音楽。密集住宅地での防音設備のないピアノ、バイオリン、ステレオ。

「東京には何でもある。便利さは世界一だが、たったひとつ、東京に無いものがある。それは静かな空間だ」と、欧州帰りがいうのを聞いたことがある。くやしいが事実だろう。しかし、続けて「日本人は、なんて音に鈍いんだ」と、彼が一般化していうのには反対した。戦前の調査で、住民が苦痛を感じる騒音のひとつに「通行人の足音」があったそうだ。これが本当で、今の都会人の耳は騒音に慣らされて一時的に変になっている。日本人が静かさの値打ちを知らないわけはない、と思いたい。

## 子殺し＊10・7

産んでまもない赤ちゃんを殺し、処置に困って遺体を石膏《せっこう》詰めにした二十七歳の母親がある。出産費用が支払えず、勤めの邪魔になるので殺したという。その白い石膏の写真が新聞にのった。いろんな人が世間にはいるし、いつの世にも特殊な、気持ちの悪い事件はあった。その一例だとみるのが常識かも知れない。しかし、気にかかる資料がある。この夏東京で開かれた国際心理学会議での研究報告によると、「日本の母親はよく赤ちゃんを殺す」というのである。

東京とニューヨークの最近の犯罪統計を比べると、凶悪事件はニューヨークがはるかに多い。殺人が五倍、強盗は百五十倍もある。ところが女性の殺人だけは東京の方が多い。検挙者数で約二倍、多くが母親による一歳以下の赤ちゃん殺しだった。この事実をどう解釈したらいいだろう。

たとえば日本が堕胎天国といわれることと、何か関係があるのか。堕胎が自由なら、堕胎がむずかしい米国より、育てられない子は少なくていい理屈だ。それが実は逆で、簡単におろせるから、簡単に殺すのか。かりに堕胎を殺人件数にいれたら、日本はすさまじい赤ちゃん殺し国になるはずだ。

また「今の若い母親には過保護か、全くの放任か、両極端が多くて中間がない」と、小学校で聞いたことがある。同じ意味のことを去年の「厚生白書」も指摘していた。その極端の先の先に子殺しがあるわけか。やはり親と子の結びつきが前と変わってきたことは、認めないわけにはいかない。

一方では、ひとつひとつの事件を気軽に一般化して「世のなか間違ってる」といい過ぎるような気もするが、事件に慣れてしまわないで、もっと注意深く子殺しの由来を追及していいと思う。

## 車文明＊10・31

東名高速道路の静岡県沼津―御殿場間で、日曜日の朝五時すぎ、三歳の女の子が見つかった。母親とその愛人とが車で連れてきて道ばたに置き去りにした捨て子であることが、あとでわかった。

道ばたといっても、高速道路の両側は高い金網でふさがれている。出口はない。あたりに人家もない。まだ暗くて薄もやの立ちこめる道を、女の子は哺乳びんを持って、よちよち歩いていた。すぐわきを時速一〇〇キロの車が、びゅんびゅん吹っ飛ばしていた。当たれば五体はばらばらだったろう。

普通の捨て子なら、駅前とか百貨店とか、まあ安全な場所が、いくらでもほかにある。よりによって、この親は最も危険な場所と時間とを選んだ。まるで猛獣のおりの中にわが子を投げ入れて逃げたようなものではないか。平気で生み捨てにし、簡単に子を殺すのとはまた別の恐ろしさがある。

「車を運転すると人が変わる」と、よくいう。「車文明は人間の品性を堕落させた」ともいう。攻撃本能がむき出しになる。スピードを競う。悪態をつく。たんを吐く。吸い殻は捨てる。ふだんはやらないことをやる。この親も吸い殻と一緒にぽいと子供を投げ捨てたわけか。

スウェーデンの雑誌記者が血まみれの事故負傷者に化け、道路わきで倒れたふりをしていたら、という話を清原瑞彦氏著「スウェーデン神話現代版」で読んだ。そうしたら、二百十一台の車が知らん顔で通過した。次の二百十二台目は停車したが「まぁ」といって、そのまま走り去ったそうだ。

こんどの東名高速道路の女の子は、捨てられてから何台目の車に助けられたのか、なども考えた。富士山のふもとの朝の冷え込みは相当だろう。ひき殺されなくても、救助がおくれたら凍死していたかも知れない。

# 1973年

## 英国式＊1・6

サリドマイド剤を英国でつくって売っていた有名なウイスキー会社・ディスティラーズ社が、年末いらい「サリドマイド児に対する救済補償金の出し方に誠意がない」という世論の袋だたきにあっている。

同社のウイスキーは、ジョニーウォーカーはじめ日本でもよく知られている。そのジョニ赤と一緒に薬もつくっている大企業だ。大企業というのは、英国でも「誠意がない」ものらしい。そうか英国でもまだサリドマイドの補償がかたづいてないのか、という驚きもある。

外国、とりわけ英国の話となると良いことずくめのようだが、そうではないという一例だろう。しかし、ここで少し日本と違うのは、世論の大企業に対する抗議の爆発的な激しさである。「悪い」となったら町のスーパー、ホテル、小売店まで一斉に不買運動に参加した。

会社の大株主がまた「実業家であると同時に、まず人間であるべきだ」と、社長の不誠意をなじった。日本ならば株主総会で被害者や一株株主を追い散らすところだ。また、会社が補償金の減税措置を要求したら英蔵相が「あきれた話だ」としかりつけたという。このへんも日本とはだいぶ違う。

そして恐らく、この事件でいちばん日本と違うところは「サリドマイド児とその家族を孤立させてはならない」という町の民衆の気持ちだろう。身体障害者への思いやりが、ごく当たり前の通念になっている社会だ。だから、こうして弱いものいじめをする冷血で非人間的なウイスキー会社を人は許さない。

民衆や、小売店のおやじさんが本気で怒っている顔が、目にうかぶ。くやしいけれど、今度の英国の話に私たちが学ぶところは多い。

### ベトナム和平＊1・25

ベトナム和平が固まった。米軍による史上前例のない殺傷と破壊は、これで終わる。喜ばしい話である。しかし、ふつう和平とか全面停戦という言葉が持っているはずの明るいひびきは、どうも、まだない。

わっと声をあげて喜ぶには、この戦争があまりにも長く、また悲惨であり過ぎたからだと思う。世界最強の大国とアジアの小国とのどう考えても不公平な戦争だった。とくに昨年末の米軍の無差別爆撃には、世界中の人々が立ちすくんだ。あの恐怖からまださめていない。

しかも、この戦争そもそもの原因だった南ベトナムの政治対立は、未解決のまま残った。今度の軍事停戦から本当の平和回復までは、決してまっすぐな大通りではないと見られている。破壊された町や村で、このうえ民衆はどれほど血と涙を流せばすむのかと考えると、暗い気持ちになる。

また、ベトナム戦争ほど戦争のむごたらしさが詳細に報道された戦争はない。家を焼かれ、銃剣の前でふるえている民衆をテレビで見た。手をあわせて命ごいをする女、子供まで撃ち殺された。その射殺寸前の写真もみた。民衆の、おびえた目の色が忘れられない。

罪のない民衆に災厄をもたらす政治権力に対して、そのつど私たちは怒り、憎しみを抱いてきた。しかし一方では、そういう悲惨さに、私たちは少しずつ慣らされてもしまったような気がする。これは恐ろしいことだ。ベトナム戦争は人々の心までよごした。ずいぶん世の中を悪くした。

この長い、きたない戦争の間、日本は終始、補給庫として一方に加担した。平和を望みながら、実際にはどれだけ平和への努力をしたろう。にがい罪悪感もある。

### みそ・しょうゆ＊1・31

豆腐が各地で値上がりした。しょうゆも上がった。原料の輸入大豆が世界的な天候不順で急騰したのが、いちばんの値上げ理由だという。日本は大豆の九五パーセント以上を米国や中国からの輸入にたよっている。

大豆ほど多種多様な食品の原料となる農作物はめずらしい。豆腐、油揚げ、がんもどき、ゆば、しみ豆腐、おから、納豆、きな粉、もやし、その他。それに食用油があり、調味料のみそ、しょうゆがある。原料大豆の値が上がれば、それだけ影響が広範囲におよぶことになる。

大豆は「畑の肉」といわれる。たんぱく質と脂肪に富み、とくにたんぱく含有量は農作物中いちばんだ。また、大豆はそのままでは不消化だが、豆腐をはじめとする加工品群はたんぱくの消化吸収率が九〇パーセントで、栄養学的に非常に合理的だ、と大塚滋氏著「たべもの文明考」にある。

大豆加工品は「日本の味を代表するものばかりだ」とも氏はいう。なるほど、みそ、しょうゆの味と香りは日本食の基調で、大豆なしの日本食は考えられない。私たちの祖先は、実にいろんな、実においしくて楽しい大豆の食べ方を工夫してくれたものだ、と思う。

その大豆の九五パーセント以上を今は輸入している、というのである。国産大豆は輸入大豆の二倍もする。十年前に自由化され大部分の農家は大豆生産をやめた。その結果、こんどのように遠い中国の長雨とか米国の不作で、たちまち日本の大豆相場がはね上がる。そうなっても手も足もでない。

値段だけの話ではない。輸入大豆で豆腐、みその味が落ちたといわれるし、われら「みそ、しょうゆ民族」としては、伝統食品の原料自給率がこんなに低くていいのかと、改めて疑ってみたくなる。

## 人類と花＊2・5

中近東イラクにあるネアンデルタール人の遺跡を発掘していた米国の考古学者が、ある時、遺跡の墓のまわりに大昔の花粉がこぼれているのを発見した、という話がある。

調べてみると、それはキクとかスミレの美しい花の花粉で、遺跡と同年代のものだった。また花粉の種類、量、位置から考えて、偶然あったのではなく、近くの山でとった花を意識的に墓に置いたらしいことがわかった。つまり今から数万年昔の人類の祖先も野で草花をつんでいた、ということになる。

ところで、ネアンデルタール人が今の人類の先祖であるかどうかについては、世界の考古学者の間で長い論争が続いている。ネアンデルタール人は原始的で、野蛮で、姿勢をみてもヒトよりサルに近い。どう考えても、これで今の人類と直接つながる祖先だなどという資格はない、と一方はいう。いやネアンデルタール人はもっと理性的だし、人間的な共同社会を営んだことが想像できる。私たちの直接の祖先だと考えて少しもおかしくないと、もう一方の学者はいう。そして、イラクの遺跡で発見された草花の花粉の話が、この推測のひとつの新しい証拠になった。

どちらの説をとるかは別として、数万年前の遠い遠い人類がどんな目で野のキクやスミレを見たか。どんな気持ちで死者のまわりを草花で飾ったのか。思うだけでなにか楽しい。発見者のR・ソレッキー教授は去年「花をめでた人々」と題して、発掘物語を出版したそうだ。

立春の日曜日、東京の町なかでセツブンソウの花が庭に咲いているのを見た。暖かな地方ではナノハナが開いた。花の季節がやってくる。

### 地下道の散歩＊3・19

東京の都心の、日比谷交差点から大手町までの間に、一直線の長い地下道が通っている。地図で測ると一キロ半ぐらいある。時々、この地下道をぶらぶら歩く。端から端まで二十分はかかる。

殺風景といえば、これほど殺風景な道はない。地上に出れば、一方は背たけのそろったビル街、一方は皇居前広場でおほりに水鳥が遊んでいる。東京でいちばん整った、美しい一角である。地下道のほうには空がない。風も緑も動かない。真四角で、無愛想なコンクリートの穴ぐらが続く。

しかし、地下道でいいのは静かさだ。車の騒音がない。壁ごしに地下鉄の音が響く時以外は、しん、としている。昼間も人通りが少なくて遠くの足音が、こつ、こつ、と聞こえてくる。この道は、たっぷり二十分、考えながら歩くことができる。こういう道が、ほかに町なかにあるかと思う。

「人は何メートルぐらい歩くと乗り物に乗りたがるか」を調べた交通調査がある。その日の天気や混雑度でも違うが、欧州の都会では人は大体四〇〇メートルは歩く。それ以上になると乗る。同じ調査で、東京人は三〇〇メートルが限度で、それ以上歩くのは苦痛だ、という結果がでている。

それだけ日本人の足が弱くなったからだ、とは考えにくい。それほど日本の都会が歩くのに苦痛の多い町になったからに違いない。車の騒音、排気ガスにはじまって、事故の恐怖、何メートルかおきの信号、駆け出さないと渡れない交差点、ガードレール、歩道橋。こないだは看板が歩道に降った。

もうみんな半ば慣れ、半ばあきらめて気がつかないでいるが、どんなに車が横暴か。どんなに町が荒れすさんでいるか。時々静かな地下道をぶらぶら歩いてみると、それが実によくわかる。

# 都心の地下道をよく歩いた人だった

ジャーナリスト　辰濃和男

あの日、敗残の初年兵は焼け野原に帰った、と疋田桂一郎さんは1970年7月7日の天声人語に書いている。「敗残の初年兵」というのは、自分のことだろう。敗戦直後の東京は、黒々とした焼け野原だった。

「心をいやす何もなかったけれど、シラミだらけの兵隊着を庭で焼いた。何もかも終わった、という奇妙な安らぎがあった」

疋田さんはそう書いている。さらに、

「『営倉』の二字をみて、いまでも戦中派はぞっとするに違いない。たたかれて半殺しにされても初年兵は黙っているほかなかった。あの陰惨さを忘れることができない」とも、書いている。

この文章の背後にある思いの何十分の一かを、戦中派の末尾にいた私はかろうじて追体験することができる。

疋田天人には、「戦争体験」や「ベトナム戦争」や「沖縄の基地」や「平和憲法」を主題にしたものが多い。

こんどその一編一編を読みながら、シラミだらけの兵隊着を黙って焼く青年の姿がなんども心に浮かんだ。天声人語を引き受けることになったとき、疋田さんの思いのなかにあったのも、兵隊着を焼く自分の姿ではなかったかと、私は勝手に想像している。

「何もかも終わったという奇妙な安らぎ」を感じたとき、その安らぎをえられずに死んだ何百万の人の惨苦や絶望が疋田さんの胸に激しく渦巻いたことだろう。

だからこそ「戦争」を書き続けたのだ。

だからこそ、憲法記念日には「経済大国になった今日こそ平和憲法を盛大に祝いたかった。『戦争放棄』『戦力不保持』を繰り返し世界に宣言したかった」（71・5・3）と悔しさをまじえた感想を書かずにはいられなかったのだ。

ベトナム和平が固まったころには、ベトナムの戦《いくさ》を対岸の火事とみる日本人に対して、厳しい自省をせまっている。

「この長い、きたない戦争の間、日本は始終、補給庫として一方に加担した。平和を望みながら、実際にどれだけ平和への努力をしたろう。にがい罪悪感もある」（73・1・25）

戦争や基地のことを書くときも、生身の人間の思いを出発点にした。

「一等兵の死」（70・6・9）には米陸軍一等兵としてベトナムで戦死した日本の若ものが登場する。永住権や学資免除の特典を失いたくなくて、ベトナムの戦場に行った青年の話だ。あるいは、「異常者」を演じて徴兵を逃れたアメリカ南部の青年の話もあった。青年は故郷を捨てた。「異常者」と公式に認定された以上、あの子の社会復帰はかなり難しいと小声でいう母親の話もでてくる。「国家とはいったい何なのか。インドシナの戦場で争われている国々の利害が、はたして若ものに課せられた犠牲に見合うものなのか」。怒りを抑えた筆だ。

よく米や味噌の味を語る人でもあった。いや語るだけでなく、そのことをよく書いた。「米の味」(70・6・7)は代表作の一つだろう。出張先の米どころで、食べた米のうまさに驚く。香り、味、色つや、たきあがった米粒がひと粒ひと粒ぴんと立っている。買って帰って、友人にも食べてもらった。友人も驚く。うまい米をかみしめながら「これは、どういうことなのか」と考える。驚く——そのことを友人に話し、驚きの共有を試みる——そして驚きの真因を探る。それが疋田さんの手法だ。自分の舌や耳や目の驚きの感度を信じつづけた人でもあった。

米の味の追求は食糧管理制度の欠陥を突き、舌が鈍くなったのは都会の人だけではないことにも筆がおよぶ。

米の国の味のふるさとが荒れている、というきわめて大切なことに、日々の新聞はそう筆を割かない。そういうジャーナリズムの死角に光をあてる。それこそがジャーナリストの仕事だと疋田さんは考えていたと思う。

コオロギの、一匹一匹の声音の違いを聞き分ける感受性をもった人だった。音環境の描写には、鋭くて、繊細で、うっとりするほどやわらかみのある文章がいくつもある。

「コオロギ」（70・10・2）に、こんな描写があった。「夜道をかえると一匹一匹ほんの少しずつ音程、テンポが違っているのがわかる。きのうのコオロギがきのうの場所にいるのもわかる」

「もの音」（70・9・4）は、北関東の森に滞在したときの話だ。

「遠い音といえば、風の音、水の流れる音、犬の遠ぼえ、野鳥の声、子どもの叫び声。おなじソプラノで、子どもの声より鳥の声のほうが遠く鋭く一直線に走った。鳥はこずえでなくからだろう。天から降ってくる。子どもの声は深いやぶを通ってくるためか少しずつ残響があった」

しかしその遠い音が都会から消えてしまった。休みなしの自動車の走行音のせいだ。車文明への異議申し立ては、疋田天人の主調音の一つになっている。

殺風景な都心の地下道を歩きながら、こう書いている。「地下道でいいのは静かさだ」「この道は、たっぷり二十分、考えながら歩くことができる」「どんなに車が横暴か。どんなに町が荒れすさんでいるか。時々静かな地下道をぶらぶら歩いてみると、それが実によくわかる」（73・3・19）

地下道がいい、というのは自虐をまじえた風刺でもあるだろう。いまでも私は、銀座にでるとよく、歌舞伎座あたりから日比谷交差点までの地下道を歩く。なじんだ疋田さんの文章が一瞬、胸をよぎることがある。

「どんなに車が横暴か。どんなに町が荒れすさんでいるか……」

疋田さんは、軍隊にせよ権力にせよ車にせよ、横暴なものに対しては、静かな声で異議を唱えつづけた人だった。

第三章

# 一九七〇年代後半～八〇年代

## 新聞のあり方を問う

# ある事件記事の間違い

警察発表は疑いながら聞くもので疑わない方が記者の怠慢といえる

## はじめに

一本の事件記事がおかした間違いについて私が調べたことを報告する。

その記事は昭和五十年五月の本紙夕刊にのった。私の調査は、事件の一審が終わったあと、手に入れた公判記録に照らして、その記事の間違いを追及する形をとっている。あとになってわかった事実からさかのぼって一年も前の記事のアラ探しをしている、と見えるかも知れない。この記事を書いた記者に対しては、まことに酷なことであった。

しかし、もちろん私はこの調査で同僚記者を被告席にすえて糾弾しようとしたのではない。もしもその記事が全くの誤報であるとか、明らかに筆者の手落ちで間違ったのだとしたら、その場合は記者ひとりを責めればすむ。そうでないところに問題がある、と私は考えている。

この報告をまとめるのに東京社会部の数人の事件担当記者に協力してもらった。その全員が「私が取材しても似たような記事になっただろう」といっている。私自身にしても、あのような状況で取材をしてこれ以外の記事が書けるとは思えない。問題はひとりの記者の一事件の取材にあるのではない。われわれ取材記者共通のものである。

おそらく事件報道に限った話ではないだろう。こわいと思うのは、われわれが日夜、これから述べるような危険な取材を、いわば慣習として機械的に無意識的に疑わずに繰り返していることである。この記事の筆者は、私の調査意図をくんで、こころよく協力してくれた。この調査報告も読んでもらった。社内資料として活字にすることに賛成してくれた。このことを、はじめにお断りしておく。

## 事件

東京の、とある銀行の支店長が、殺人犯として警察に逮捕された。支店長の家に重い心身障害のある幼女がいて、その子を「餓死させた」という容疑だった。

彼は銀行を辞め、起訴後、保釈になって自宅から公判廷に通っていた。逮捕から九カ月後、七回目の公判で懲役三年、執行猶予五年の判決をうける。ところが、判決を聞いたあと、彼は裁判所から自宅に戻って来なかった。その日の夕方、小田原の無人踏切で電車に飛び込んで自殺をとげていたのだ。

これが、私が問題にしようとしている事件のあら筋である。事件の経過は、朝日新聞紙上では三本の記事によって報道された。事件発生の時と、判決と、自殺とである。

## 逮捕

最初の支店長逮捕のニュースは、昭和五十年五月九日付夕刊にのっている。この記事は、あとで何回も詳しく読み直すことになるので全文を再録する。

〈資料①〉

妻が出産で入院中に二歳になる知恵遅れの幼女を寝室のベビーベッドに十日間もとじ込めて餓死させた父親が八日夜、東京・成城署に殺人の疑いで緊急逮捕された。世田谷区祖師谷五丁目、三井銀行本店企画室次長△△△△（四二）で、「将来、親に万一のことがあったとき、この子の面倒をだれが見てくれる。心をオニにしてほうっておいた」と自供、泣き伏していた。

八日午後五時ごろ、東京都品川区の昭和医大小児科の医師から成城署に、「△△から次女の直子ちゃんが死んだ、相談したい、と朝自宅に電話があり、午後四時すぎ死体を抱いて病院に来た。死因に不審な点がある」と連絡があった。

同署で自宅にいた△△を呼び事情を聴いたところ、衰弱死させたことを認めた。

自供によると次女の直子ちゃん（二歳十一カ月）は知恵おくれで、いまだに両親の区別もつかず、△△は悩んでいたという。この一日、妻（三七）が出産のため入院（同日女児出産）したのを機会に、衰弱死させることを計画、先月二十九日から直子ちゃんを二階寝室のベビーベッドに入れたまま水も食事も与えずにいた。長女（小学校六年）には「寝室には絶対にはいらないよう」言いつけて昼間は出勤、夜はベビーベッドのわきで一緒に過ごした、という。

腹をすかせた直子ちゃんは三、四日目には「チューチュー」と音を立ててゆびをしゃぶっていたが、心をオニにしてほうっておいた。八日午前一時ごろ様子を見たときはまだ息があったが、午前四時ごろ見たときは死んでおり、かかりつけの医師に知らせたという。

直子ちゃんはホオがこけ、目が落ちくぼみ、あばら骨が浮き出、しゃぶり続けていた右手の親ゆびは皮膚がはがれ、その悲惨な姿に捜査員も言葉を失ったという。

△△は素直な態度で取り調べに応じ、直子ちゃんの死にいたるまでの経過などを整然と自供したが、「どんなに責められてもいたし方ありません。ただ直子のめい福を祈るだけです」と泣き伏した。△△は三十一年東大法学部を卒業、三井銀行に入社。同期入社組のなかでは〝出世頭〟といわれ、現在の企画室次長もエリートコース。今月二十日付で府中支店長として栄転することが決まっていた。

△△の自宅は高級住宅街で、ふだん隣近所の付き合いはあまりない。両親は都下東久留米市にいるが、同署では「妻の入院をだれにも知らせてなかったようだ。出産も今月十六日の予定が半月も早まり、それが犯行を容易にさせた一因でもあるようだ」という。また、△△は入院中の妻に直子ちゃんの死を知らせたと自供しているが、妻としても夫は昼間勤めがあり、長女も学校に行き幼い直子ちゃん一人しか家にいないとなれば、当然親類に頼るのが世間一般の考えだが、「共犯関係があるかどうかは今後の調べに待つ」と同署はいっている。

また、三井銀行でも、△△の異常には気付かなかったという。今月一日に転勤の内示があり、その引き継ぎやあいさつ回りをしていたという。

この記事のあと途中の続報が一本もなくて、つぎは二本目の判決報道に飛ぶ。判決の内容は昭和五十一年一月二十八日付朝刊に掲載された。

〈資料②〉

昨年春、妻が出産のため入院中に二歳になる重症心身障害の娘を寝室のベビーベッドにとじ込めて餓死させた、として殺人罪に問われていた東京都世田谷区祖師谷五丁目、元三井銀行本店企画室次長△△△△被告（四三）に対する判決公判が二十七日、東京地裁で開かれ、林修裁判長は、「重度の心身障害児の将来などを思う親の心情は理解できないではないが、生命を奪うことは許されない。同じ境遇にある他の親への影響も無視できないが、他面、苦しみ悩んだすえの犯行であり、反省の色も著しい」

などとして、懲役三年、執行猶予五年（求刑、懲役四年）を言い渡した。

事件同時、△△は積極的に子どもに食事を与えず、餓死させたとされていたが、林裁判長は判決の中で「被害者は当時、食事を受けつけない拒食症にかかっていたと認められ、食事を与えなかったことが死因とは思わないが、医師に診せていれば健康を回復したはずであり、あえてそれをせずに放置した点に殺意が認められる」との認定を行った。

判決によると△△は、次女直子ちゃん（当時、二歳十一カ月）が重症の先天性精神薄弱児だったため、看護、養育について悩んでいたが、去年五月一日、妻が出産のため入院したことから、直子ちゃんの面倒をみなければならなくなった。直子ちゃんが食事を受けつけなくなったため、日ごろからこのまま成長してはかえって不幸と思い込んでいた△△は、同月五日以後、満足に歩けない直子ちゃんを自宅二階のベビーベッドに寝かせ、医師に見せず放置、同月八日午前三時ごろ、餓死させた。

公判で弁護側は「直子ちゃんは以前にも食事を受けつけなくなったことがあり、そのときは三日ほどで治ったため、今回も医師にみせず、回復するのを待っていた。殺す意思はなかったし、結果的にみても健康回復の可能性はなかった」などと無罪を主張していた。

◇

九カ月も前に報道された事件といえば、よほどの大事件か身近な事件でもない限り、たいていの場合は忘れている。この判決記事にしても、もしその直後に自殺事件が続かなかったら、別にこれといって注意をひくことはなかっただろう。私も次の自殺報道を夕刊で読んで、へえ、そんな事件があったのかと思い、朝刊の判決記事や最初の第一報を探して読んでみる気になった。

## 自殺

自殺の記事は、朝刊に判決記事がのったのと同じ日付の、昭和五十一年一月二十八日付夕刊にでている。

〈資料③〉

重症心身障害の自分の娘を餓死させた事件で、二十七日東京地裁で懲役三年、執行猶予五年の判決を受けたばかりの東京都世田谷区祖師谷五丁目、三井銀行本店企画室の△△△元次長（四三）が同日夜、神奈川県小田原市内の小田急電鉄踏切で飛び込み自殺した。判決のあと同次長は自宅に帰っておらず、遺書も見当たらなかった。しかし、家族の話では殺人罪に問われたことに強いショックを受け悲しんでいたといっており、この日の判決で、娘のあとを追う決心をしたのではないかとみられる。（中略）

自宅では、妻（三八）が、大きなショックを受けた様子で、勝手口越しに悲しみと怒りを訴えていた。

「直子は昨年四月二十九日からこん睡状態でしたし、殺人なんてとんでもありません。わたしたち夫婦は事実がわかれば、必ず無罪になると固く信じていました。きのう午後三時前のテレビニュースで有罪判決を聞き、主人は帰ってこないような気がして不安でした」（中略）

「主人は成城署に呼ばれ、殺人の令状を見せられてびっくりした、といっておりました。『殺人』と聞き返したら『とぼけるな。お前のようなヤツは人非人だ。計画的な犯行だろう』と刑事さんにいじめられ、何をいってもだめだと思ったそうです。公判中、有罪なら生きている意味がないなあ、といっていましたが、本当になるなんて……」

◇

判決をうけたばかりの男の自殺というのが衝撃的であるうえに、この自殺者の奥さんの話がちょっと変わっていて、まるで夫の自殺を予期していたかのようなところがある。奥さんは、殺人なんてとんでもない、といっている。夫は警察にいじめられて強引に殺人犯に仕立てあげられたのであり、そういう事情が裁判官にもわかってもらえなかった、という悔しそうな訴えである。読んでいて、何があったのかと心に残った。

私がこの事件を調べてみたいと思ったのは、この自殺の記事にあった銀行員の奥さんの談話を読んでからのことだった。

## 公判記録

その後、私はこの事件に関する公判記録を読むことができた。入手した記録はかなりの量のもので、いそいで通読するだけで数時間を要した。主なものをあげておく。

▽警察官による事件捜査報告書
▽警察での△△△の供述調書
▽検察庁での同人の供述調書
▽妻の供述調書
▽長女の供述調書
▽医師の供述調書
▽起訴状
▽公判調書（第一回〜第七回公判）
▽弁論要旨
▽論告要旨
▽判決

## 食い違い

自殺者の心理とか自殺の動機を追及するとなると、容易ではない。しかし、自殺した銀行員がこの事件について何をいいたかったのかについてならば、これらの公判記録には、たっぷり材料が詰め込まれていた。銀行員には何も遺書はなかったそうだけれど、公判記録ぜんたいが、彼が書き残していった遺書であるようにも読める。

同時に、これらの記録を読んでいくうちに次第にはっきりしてきた、もうひとつの事実があった。それは、最初の記事（資料①）で報道された事件の内容と、公判記録が示している事件の内容との間に、いくつか大事な点で大きな食い違いがある、ということだった。そして、この食い違いがどこから来たのかも、公判記録を読んでいくにつれて、明らかになってくる。

事件の本筋の追及を離れて、私はこの記事と記録との食い違いのほうにこだわった。この記事をあとで読んで銀行員がどんなに強い衝撃をうけたかまで、公判記録のなかに出てくる。この記事が（……といって朝日新聞の記事だけを意味しない。この事件に関するマスコミ報道全体であるが）銀行員の自殺と結びつくという証拠はないが、この記事のことに触れないで銀行員の自殺を語るのは片手落ちではないか、と私には思われた。

この章ではまず、記事（資料①）のどこがどう違うかを要約しておく。そのうえで、なぜこのような記事が書かれたのかを考えてみようと思う。

鬼の父親像

記事（資料①）によると——銀行員は、妻の入院中に、知恵遅れの二歳の幼女を、
㋑ベビーベッドに十日間もとじ込め、
㋺水も食事もあたえず、
㋩腹をすかせて皮が破れるほどチューチュー指を吸っても心を鬼にして放置し、
餓死させた——ことになっている。

いかにも冷血で残虐な娘殺しを想像させる記述である。食べものを欲しがって泣きさけぶ子どもの声が聞こえて来そうな気さえする。この記事を読んだ人には、「心を鬼にして」どころか、鬼そのもののような父親と見えるに違いない。

ところが、実際はそうではなかったらしい。公判記録によると、直子ちゃんは十日の間終始ぐったりと眠り込んでいて、声も立てなかった。父親はこの間何回も娘をおこして食べ物や水を与えたが受けつけず、みるみる衰弱していった、というのである。記事とはずいぶん様子が違う。したがって、㋑の「ベビーベッドにとじ込めて」という記述はおかしい。こん睡状態に陥った子どもをベッドに寝かしておいただけなのである。また、直子ちゃんという娘さんの心身障害の度合いは、記事でたんに「知恵おくれ」とあるのから想像されるのよりはるかに重症で、最重度の先天性精神薄弱児である。目はうつろで視線は定まらず、人の区別も物の区別もつかない。音は聞こえるらしいが言葉は理解できない。アーアー、ウーウーというような発声ができるだけで空腹も用便も言葉では訴えられない。

自分で食事はとれず、全身ぐにゃぐにゃ、四―五メートルのヨチヨチ歩きがやっとだし、熱い冷たいの皮膚感覚はゼロに近い。弁護人は「植物人間」と形容している。そういうわけで、直子ちゃんはふだんからベビーベッドのなかにいた。この十日間も、とじ込められていたのではなく、そこがもともと日常の居住空間だったわけである。

㊁の「水も食事も与えず」だが、水が欲しい、食べものが欲しいと訴える子どもに何も与えなかったのではない。反対に、むりに飲食物を口に注いでも吐きだして受けつけない「拒食症」という状態が続いていたのだった。重症の身障者にたまにおこる症状だそうで、直子ちゃんには三カ月ほど前も同じ症状が現れたことがあった。

その時は三日目に医者に診せようとしているうちに食べはじめて治った。今回も、はじめはあまり心配もしないで、医者に診せないで食べものをやりながら回復するのを待っていたのである。

㊁については、赤ちゃんの指しゃぶりが何を意味するかで意見は分かれている。検察側は「指しゃぶりは空腹の訴え」と解釈した。これに対して弁護側は「指しゃぶりには何の意味もない。普通の赤ちゃんによくある癖のひとつであって、指しゃぶりで皮が破れても、別に空腹を訴えたわけではない」と反論した。判決では、弁護側の意見のほうを採用している。記事にある「心を鬼にして」のくだりは、ウソだったという認定である。

## 別な父親像

記事と公判記録との食い違いは他にもいくつかあるのだが、とりあえずはこの三点だけでよい。このように記事のなかの㋑、㋺、㋩を次々に消していくと、同じこの事件がすっかり様相の変わったものに見えてくる。もとの記事から想像されるような酷薄で非情な鬼そのもののような父親像が退いて、全く別の父親像がうかんでくる。

判決でもいっているが、この父親は積極的に手を下して娘の生命を絶ったのではない。娘は、泣きも叫びもせず何の苦痛もみせずにこんこんと眠り続けていた。それを父親はじっと見つめている。妻は入院していて、寝室にはこの親子ふたりしかいなかった。このような状況で五月の連休の一日一日が過ぎ、直子ちゃんはどんどん衰弱していく。

前後の父親の行動には不審な点がたくさんある。娘が衰弱していくのを見ながら、連休が明けても医者に診せなかった。医者に診せていれば、栄養剤を注射するなり何なりの処置をとって別の経過をたどったはずであるのに、△△は反対に、六日、七日は重い病気の子をひとり残して銀行に出勤している。異動直後のことで歓送迎会があり、夜十一時に帰宅したりもする。また、こういう時に留守番に親戚、知人をたのむといった当然の処置をとっていない。どれも常識では理解できない行動である。「なぜか」「なぜか」と検察官は法廷で鋭く△△を追及している。この点は△△もわかりやすい答えをしていない。判決では、結局そこに父親の殺意を読んだ。

### 注釈の要る「殺意」

しかし、この「殺意」という言葉にも注釈が要ると私は思う。心身障害児をもつ親で「この子は死んだほうが幸せだ」とか「一緒に死んでしまいたい」と一度も思ったことのない親はない、という話を聞いたことがある。

また、障害児の親にとって、子どもが眠っている時が一番その子が幸せそうに見える、という話もきいた。眠っている時だけは苦痛もなく、障害も見えず、健康な子と変わりがないのだから、というのだった。障害児を育てたことのない親にはちょっと想像もできない、悲痛な話である。銀行員の事件にしても、こんこんと眠り続けている娘の顔を見つめている間に、ふと父親は迷ったのではないか。「このまま苦しまずに死んでくれたら」という迷いに負けて、処置を誤ったのではないか。それを法律用語では「殺意」というのであろうが、同じ殺意でもこの場合の殺意は、記事から想像できる殺意とは別人のもののように私には思える。

「こんこんと眠る直子ちゃんを見つめ続けた被告の姿を思うと、親としてのためらいや悲哀を感ぜずにはおられない」

と、裁判長も判決のなかでいっている。

だからといって、直子ちゃんに対して△△がとった処置を正しかったとか、許すべきだなどと私が思っているわけではない。懲役三年、執行猶予五年という判決の是非、その他、これはこれでまた別の主題として語られなくてはならない。

そうではなくて、直子ちゃんのような重い心身障害を持つ者の生命について、また、その親の生き方についてこの公判記録を読むと考えさせられる主題が実にたくさんあった。むしろ、このような障害児をめぐる問題のほうが、この事件の本筋だったと私は思う。ところが各社の事件第一報は、どの社の記事も△△の殺しの手口とか冷酷さのほうを描くのに熱心で、障害児問題らしいことはほとんど語っていない。たんなる子殺しの記事のようなのだ。いったい、どこで間違ったのだろうか。

## 記事が与えた衝撃

逮捕された△△は、五月末、保釈になって一カ月ぶりで自宅に帰り、そこで初めて自分のことを書いた新聞、週刊誌を読んだ。その時に彼がうけた衝撃がどれ程のものだったか。第三回公判（十月八日）調書のなかに、弁護人と銀行員の奥さんとの間の次のようなやりとりが出てくる。

〈資料④〉

井本主任弁護人――（保釈になって自宅に帰ってきて）ご主人は、直子ちゃんはどうして死んだというようなことを言っておりましたか。

妻―それは、直子ちゃんの病気がひどくなって、そのまま自然に火が消えるように亡くなって、神様に召されたんだと申しておりました。

弁護人―新聞や雑誌に出たようなことについて何か言っておりましたか。

妻―報道された内容を知りました時は、もうびっくりいたしまして、すべての力が抜けたようで、本当に生きる力もなくしたようでございました。いまだに報道を思い出しますと、本当に生きる力がございません。

◇

その報道（資料①）内容は、判決記事（資料②）で修正されたが、判決記事が出たのは銀行員が自殺したあとだった。

自殺後、取材に行った記者に対しても、奥さんは同じことを訴えて、こういっていたそうである。「保釈後、新聞を読んだ夫は、ほんとうに驚いて『警察はいたし方ないが、マスコミはわかってくれている、と期待していたのに』『自分の言葉ではないものが、自分の言葉のように書かれている』『こうまでマスコミはひどいものか』といって、がっくり来たのです」

その日の夕刊の自殺記事（資料③）に奥さんの談話がのっているが、このマスコミに対して抗議したところは、取材記者は送稿しなかった。

## 供述調書

警視庁広報課の発表連絡票（昭和五十年五月九日）によると、「銀行員の父を精薄の二女殺し容疑で逮捕」と題して成城署から連絡があった事件の概要が、同日午前二時十五分に七社会で発表されている。同二時半ごろ、東京社会部の泊まり番であったA記者は、七社会の泊まり番記者からの連絡を受け、朝刊デスクの指示で成城署に向かった。

成城署では次長が当直でおきていて、A記者は夜明けまで三時間にわたって次長から取材した。朝刊の締め切りは過ぎていたし、この種の事件をこうして夜明かしで取材するのは珍しい。普通は朝になってからこの方面の警察担当記者が夕刊の締め切りに追われながら取材するところだ。A記者には、夕刊用に出稿するまでの時間がたっぷりあった。警察のほうも、数時間前に銀行員を逮捕し、ひと通り取り調べを終わっていた。その場に他社の記者はいなかった。一対一でゆっくり話をすることができた。

A記者にとって後味が悪いのは、あの記事は次長ただひとりからの取材で書き、裏付けの取材をしなかったことだ。しかし、その時の次長の話では銀行員の奥さんはまだ入院中で自宅にはだれもいないという。事件の性格からいって、近所の住人の話を聞いても意味はない。もうひとり、最初に警察に変死通報をしてきた小児科医に会いたいと思い、連絡をとったがつかまらなかった。

また、状況から考えて、この事件の内容で警察が積極的にウソをつくとは思えない。犯人はつかまっている。涙を流して自供もしているという。ここで警察がわざと話をこしらえたり、捜査の都合で何かを隠したりする必要はない。当夜の次長は、もう何でもしゃべるというふん囲気で取材に応じた。次長といえば、警察署における事件の発表責任者である。その次長の発表内容を疑って、裏付けをとらなくてはならない、といったことはA記者は全く考えなかった。安心して取材していたのを覚えている。

## 警察発表の基本

この取材にこたえて成城署次長がA記者に事件をどのように語ったかの記録はない。A記者のメモも残っていない。ただ、取材の数時間前に銀行員から聞きとった供述調書が、法廷記録のなかにある。次長の発表内容の基本をなすもののひとつは、この△△供述であろう。全文は次の通りである。

〈資料⑤〉

供述調書

東京都世田谷区祖師谷五丁目
銀行員　△△△
昭和七年八月三日生　四二歳
右の者は、昭和五〇年五月八日警視庁成城警察署において、本職に対し、任意次のとおり供述した。
一、私の二女、直子、昭和四七年五月二三日生（二歳）が、知恵おくれということで二歳になっても両親の区別がつかず、言葉も言えない状態なので直子をみるたびになやんでいました。
この直子が今年の四月二九日の朝から容態が悪くなり、妻三六歳がお産のために五月一日から関東中央病院に入院し、直子については私が全ての面どうをみることにしました。
直子は一月末ころも容態が悪くなりましたが、この時は妻が看病にあたり、おもゆをたべさせ、何とかもちなおらせましたので、今回もおもゆをやれば前のようにもちなおすのではないかと思い、最初はやりましたが、うけつけないので
この子がこのまま大きくなり私達夫婦が亡くなったらどうなるんだろう
と思うと、このまま死んでくれた方が直子のために一番幸せなことでないかと思い、長女にも直子の面どうは私がみるからと言って直子によせつけず、そのまますい弱して死んでくれるのを待つようになったのです。確か五月三日か四日の夜中、直子が
お腹をすかして右拇指をしゃぶる音
がちゅうちゅうと強く耳に入ったのですが心を鬼にしてそのまますい弱させ死にいたらしめてしまったのです。直子の吸った拇指は皮がはげ、白くなっていたのです。直子がすっかり弱ったことについては、私の両親や知人に全く知らせなかったのです。それと言いますのは、私の両親など

直子を一番かわいがり両親に知らせれば家に来て直子に何か与えれば又もちなおってしまうと考え知らせなかったのです。

直子が夜中に指をすっていた時は最後の力をふりしぼって生きようとしていたのだと思いますが、その後ぐったりしてねむるように死んで行ってしまったのです。一人で食べ物をとれない直子に食べ物も与えず、又、医者にもみせなかったことについては、どんなにせめられてもいたし方ありません。

今は直子のめいふくを祈るだけです。
△△△△（印）
右のとおり録取し閲覧させたところ、誤りのないことを申し立て署名、指印した。
前同日
警視庁成城警察署司法警察員
警部補　××××

## 記事にない拒食症

私は、この供述調書とA記者が書いた記事（資料①）とを照らしあわせて読む。

まず、記事の「自供によると」以下のところに、供述調書の内容と言葉づかいまでぴったり一致する表現が数カ所あることに気づく。成城署次長が、この調書をもとにしてA記者に事件内容を説明したらしいことが、これでわかる。あるいは次長は、調べ室から調書そのものを持ってきてA記者に読んできかせたかも知れない。記事のなかの次の三カ所の文章のうち、かぎかっこでかこったところが調書とぴったり一致する部分である。

――直子ちゃんは「知恵おくれ」で、いまだに「両親の区別もつかず」△△は「悩んでい」たという。

――腹をすかせた直子ちゃんは三、四日目には「チューチューと」音を立てて「指をしゃぶ」っていたが「心をオニにして」ほうっておいた。

――△△は「どんなに責められてもいたし方ありません」。ただ「直子のめい福を祈るだけです」と泣き伏した。

これとは反対に、記事と調書とを比較して、内容が一致しないところも、たくさんある。この事件を構成する要素のうち、一方にはあって他方にはないものを挙げていくと、

㋑調書の供述にはなくて、記事には書いてあるものに

――直子ちゃんを十日間閉じ込めたこと

――直子ちゃんの衰弱を計画したこと

――長女に、直子ちゃんを閉じ込めた「寝室には絶対はいらないよう」言いつけたことなどがある。

㋺調書の供述にはあって、記事には書かれていない要素に、直子ちゃんの発病のことがある。

――四月二十九日に容態が悪くなり……(食べものを)最初はやりましたが受けつけないので……

というくだりの供述である。以後の供述や公判で次第にはっきりしてくる拒食症のことが、ぼんやりとだが語られている。前章でのべた通り、この事件の様相がどうだったかを決める大事な要素のひ

とつである。この部分が記事にはない。

㋑のほうの、調書にはなくて記事には書かれている事項については、この調書の供述以外にも捜査や取り調べで警察がつかんだ事実が当然あるわけだし、それをもとにして次長が取材記者に語ったのだろう、という想像がなりたつ。しかし、㋺のほうは、どう解釈したらいいか。次長は調書をもとにしてA記者に事件を説明した。あるいは調書を手に持って読んで聞かせたかと思う。ところが、調書のなかのこの部分だけ記事にないのは、どういうわけだろう。

A記者の記憶では、この㋺のことは次長の発表にはなかったという。私はA記者の記事のほかに、毎日、読売、日経、産経、東京の各紙の記事を比較して読んだ。各紙によって事件の構成要素の選び方が少しずつ違っているが、㋺についていえば、朝日、毎日、読売の三紙には全く書れていなかった。日経、産経、東京の三紙は「二十九日から具合が悪くなり、食欲が落ちた」ことに触れている。しかし、この三紙も、どのように容態が悪くなったのかや、食べものを与えたが受けつけない、という記述はない。つまり拒食症を暗示するようなとりあげかたではない。

A記者の記憶のとおり、やはり次長の発表には㋺の要素が落ちていたのだと思う。

そして、このようにして㋑の要素が加わり㋺が落ちることによって、A記者の記事は供述調書の内容が強調され、誇張され、冷酷非情な父親像をより強く読者に印象づける結果になった。

## 調書のウソ

記事（資料①）のもとである警察の発表内容に以上のような疑問があるうえに、さらに警察発表のもとになった供述調書もまた、その信憑性が法廷で争われた。警察官や検察官が書きとった△△の供述調書が、どんなに本人の言葉や気持ちの実際から遠いものであるか。また、どうしてそういうウソの調書が作られたのか。これらについての△△の訴えが、第五回公判（十二月十二日）調書にある。

〈資料⑥〉

井本主任弁護人―被告人が夜指をしゃぶる音を聞いたということが調書にあるんですが聞いたことがあるんですか。

△△―はい。あります。

弁護人―それは何日ごろですか。

△△―確か四日か五日のころだったんじゃないか、と記憶しております。

弁―その音を聞いた時は被告人はどう思ったんですか。

△△―その時は私は何とも思いませんでした。それでまた寝てしまいました。

弁―警察の調書でも検察官の調書でも、その音を聞いてこれはお腹が空いているんだと、今飲食物をやればきっと食べてくれる。けれども被告人は故意にやらなかったんだというふうに述べていますね。

△△―はい。

弁―故意にやらなかったというのは、このまま死なせてやった方がよいと思ったからだという趣旨のことが書いてあるんですね。それはそういう風には当時は思っていなかったんですか。

△△―私は何故指を吸う音とかそういうことがそんなに聞かれるんだろう、ということがよくわかり

ませんでした。

弁──今やれば食べてくれるだろう。やらないのはこういうわけだということは、この時は考えなかったですか。
△△──考えておりません。
弁──すると調べの時にそういう風になっているんだが、そのいきさつを述べて下さい。

## 赤チンつけた指

△△──警察で直子の右手拇指にたこがありまして、これは何時もしゃぶっておりますので、そこにペンだこのような一寸肉もかたまって、その周りがしゃぶりますとお風呂から上がったみたいにふやけますので、そこに、化膿するといけないと思って、私は赤チンをつけておきました。
その赤チンをつけた指のたこを見て警察で「指を吸っていたのはお腹が空いていた為で、たこが出来るほど非常に強く吸ったんじゃないか」といわれました。けれども「指を吸うのは直子の癖で、たこは昔からできておりますし、しゃぶればふやける」ということも私は申しました。それで「そのたこができる程吸ったんだからきっとお腹が空いていたんだろう。前に同じ症状になった時あなたの奥さんはそういう時にくず湯を飲ませて助けたんじゃないだろうか。そうは思わないか」と聞かれました。私はそう聞かれてみますと「そうだったかなあ」と思いました。唯、私はその時でも、直子は空腹のときは大きい声で泣く。若しお腹が空いたら泣く筈だから、私が一番先に警察で調べられた時に思いだしたのは、直子が泣き出さなかったということの方でした。

それで唯そういう風に聞かれますと私としてもそうでなかったのかよくわかりませんし、或はその時に「丁度その時に家内がゆり動かしてくず湯をあげたのかな」とも思いました。ですから私はそういう風に申しました。

弁―すると調べの時にあのように聞かれて被告人がその時に推測して「その時に家内はやったのかなあ」という風に考えたのですか。

△△―はい、そうです。

弁―「その時にやればよかったのかなあとも思った」ということですか。

△△―はい、そうです。

弁―検察庁でもやはりそういう風な趣旨に述べた調書がありますね。

△△―はい。

弁―そして「やらなかったのは早く死なせる為にわざとやらなかったんだ」という風になってますね。

△△―はい。

弁―検察庁では検事の取り調べはどうでしたか。

△△―警察では私は余り話をしませんでした。取り調べの刑事さんはお人柄は良い方だったと思います。私はその方が涙を溜めて私に色々聞かれるもんですから、その方がどんどん書いていかれることも私の気持ちを汲み取って書いて下さっているんだと思っていました。

検察庁へ行きました時は同じことを同じような順序で聞かれていきますので、前と違ったことがあっては担当の刑事さんにも申し訳ない。それから私自身の気持ちの中に警察でいわれたことですけれども「もう同じことじゃないか。直子ちゃんも亡くなってしまって、同じことじゃないか」といわれたことが非常に強く響いておりましたので、私がその時に持っておった気持ちと違うことでも申し上げました。

例えばその時は「直子を死なせた方がいい」なんていうことは自分でも本当に考えておりませんでした。そういう言葉を警察で聞いた時も私はびっくり致しました。

## どうせ同じこと

「殺す」とか「死なした方がいい」とか私の頭の中には全くありませんでした。私は担当の刑事さんに申し上げたのは「直子が苦痛もなく安らかな表情で寝ている。これは前に肺炎になった時もなかったことだし、お腹をこわした時もやっぱり苦し相で見ておれなかった。肺炎の時も鼻がつまったり、のどが苦しそうだった。そういうことがなくて唯こんこんと寝ている。そういう直子を見て、私は直子が本当に不思議だなあと思うと同時に、直子が寿命、これは神様が直子を可哀相だと思って助けて下さったと思います」という風に申し上げました。そしたら「それは同じことなんだ。そういうことを今更いうのは男らしくない」ということで、私も「それはそうかな」と思って、もう検察庁では警察でお書きになった通りを申し上げました。

（中略）

これは警察でも検察庁でも同じでしたけれども、私の気持ちの中と言葉に書き取られて行くこととの間に凄く距離があるような気がしました。「同じことだ」といわれればそうかなとも思いましたけれども、やはり違うと思いました。

（中略）

弁—被告人は直子さんを先程のような心境で、殺すという気持ちは本当になかったわけですね。
△△—私は全くありませんでした。
弁—殺人罪ということで警察の人が調べるという風には考えなかったわけですか。
△△—全然考えておりませんでした。ですから、最初、警察の方が私の家にみえた時でも、巻尺でベッドを測ったり家の写真を撮ったりするのは何故だろうと思って、ぼんやり立って見ておりました。
弁—それで警察へ一緒に行くようにいわれたでしょう。
△△—はい。そうです。
弁—逮捕状は。
△△—知りませんでした。
弁—こういう容疑で調べるんだと見せられたでしょう。
△△—それは夜遅くなってからでした。それに「殺人」と書いてありましたので私はびっくりして思わず聞き返しました。そしたら「あんたのやったことは一応こういうことになるんだよ」といわれました。
弁—強い言葉でいわれたのか。
△△—はい。
弁—どんなことをいわれたのか。
△△—大学を出て一流の会社に勤めているような人間の考えることはわからんとか、計画的な冷酷な犯行だとか、私ら警察職員の中には小児ぜん息の子供とか関節脱臼で困っている子供さんが成城署の巡

査の中にも随分多いんだけど、それでも歯をくいしばって皆育てているのに、あんたのようにお金にも恵まれた人が子供を殺すというのは許せぬ、というような色々なことを、色々な方が最初の日はきついことをいわれました。

弁—始め被告人としては、そういう殺人などというのは全く意外なことに思っていたわけですか。

△△—私は「一緒に署へ」といわれた時に下駄をはいて出ようとしたら「靴にはきかえるように」「後の戸締まりを」といわれまして、おかしいなと思いましたけれども、行ってからも暫くは様子がわかりませんでした。

弁—その後の取調官の被告人に対する態度はどうだったですか。

△△—二日目の夜だったか三日目だったかもう皆さん大変同情して下さったのと、担当の刑事さんが大変思いやりの深い方でして、その点では今でも感謝の気持ちを持っております。

弁—調べについては特にひどいことをされたということはないですか。

△△—全くありません。

弁—被告人の言葉とか気持ちとは違った調書になっていますね。

△△—はい。

弁—それについては被告人としてはどこまでもそれを違うというような反論はできなかったか。

九対一ぐらい

△△—私は調書というものがどういう風にして取られるのかを知らなかったんですけれども、九対一位でしか私は話しておりません。唯どんどん書いていかれて、私が例えば「死なせるという言葉は止め

て下さい。寿命だと思って諦めたという風に書いて下さい」と申しますと「やはりそれは同じことだから、そういうことにはこだわらないで」とか「もう終わっちゃったことなんだから」とかいわれまして、私も「そうか」と思いました。それから「吸う音を聞くのをこらえていた」というところ、私はそれを書かれて読み上げられている時には随分文学的な表現をなさるなと頭の片隅で思ったんですけれども、それもその時の私の苦しい気持ちを汲みとったつもりで書いていらっしゃるのかという気持ちでおりました。

唯、全然違うとは思いましたけれども、私の心の中で考えていたこと「召される」とか「寿命だ」とかいうことを申し述べても、この方達には全然わかっていただけないという気持ちが片隅にございましたし、私も「もう直子は死んじゃったんだし」という気持ちもありましたし、それから私がもっとその時にがっかりしましたのは、直子の生まれてからのことを警察の方は御存知ない。自分達の小児ぜん息のお子さんと比べて私のことを考えられたら、私のことは全然理解していただけないと思っておりました。

弁―けれども被告人に対しては、被告人の気持ちを十分に汲みとれなかったけれども、非常に優しく、むしろ被告人に対して親切にそう書いてくれると思っていたんですか。

△△―そう思いました。担当の刑事さんは涙を溜めて調書を書いておられましたし、ほかの署の方とかは皆優しくして下さいました。

弁―それで被告人の気持ちと合わないところがあってもとことんまでそれに対して反論とか何もしなかったのか。

△△―言葉づかいとか、そういうことにこだわるなということでしたし、私もなる程そんなことがど

うなるものでもないという気持ちがありました。

## 法廷供述

公判記録によると、△△は、警察で六回、検察庁で五回、あわせて十一回にわたって繰り返し事件の経過を供述し、調書にとられている。警察や検察庁の取り調べというのは、ずいぶん何回も同じことを聞いていくものだと、十一回の調書を読みながら感心した。また、いまの法律では、取り調べにさいして被疑者は自分の意思に反した供述をする必要はないし、調書をとられたあと、その調書を読んで誤りがあったら誤りだと申し立て、その申し立てを調書に記録させることもできる。

このような取り調べを十回以上も繰り返すのだから、特殊な難事件とか政治、思想のからむ事件でもない限り、まず、そう誤りのない調書ができそうなものだと、私などは思う。

ところが、この事件の取り調べや調書の作り方の実際は、そうではなかったらしい。前章の記録でみる通り、△△供述によると、警察でも検察庁でも、本人が思っていることと調書に書きとられていく供述内容との間には、すごく距離があった。本人は九対一の一ぐらいの割合でしか話をしなかった。警察官はどんどん書いていった、という。

たとえば、直子ちゃんの指しゃぶりについて。指しゃぶりはいつもの癖だったし、その音を夜中に聞いても△△は何とも思わなかった。それで眠ってしまった。ところが警察官は、指しゃぶりは空腹の訴えだろうとか、いろいろしつこく聞いた。そして調書に書きとられた。できあがった調書では、指しゃぶりが空腹の訴えであると、△△が供述したように書かれていた。「空腹の訴えを聞いたが早く死なせるために心を鬼にして食べものをやらなかった」などと、実際には本人は思ってもいないことが、本人の言葉になっているのだった。

このほか、実際の供述と調書との違いは幾つもあって、あとで△△は「違う」と申し立てた。しかし、警察官は「同じことだ」「もう終わったことじゃないか」「男らしくない」「そういうことはこだわらないで」などといって取りあげなかった。△△は、もうわかってはもらえないものだと、あきらめてしまったというのである。

ずいぶん乱暴な調べ方だったのだなと、私はあきれた。

## 思い起こす松川事件

私はまた、記録のこのくだりを読みながら松川事件のことを思いだしていた。広津和郎の松川裁判批判を読み直してみた。たとえばその第三章に、ある証人が警察でウソの証言を強制された時の様子を法廷で暴露しているところがある。その証人は、こういう。

「警察では、それは十六日の夜ではないかと聞きますので、私は昼であったか夜であったか断言できないと答えたのです。それでも警察の人は『夜でないか』『夜でないか』と何度も念を押しますので、夜だったかな、と言ったのです。すると刑事は夜という事に調書を書いてしまったのであります」

証人が「夜だったかな」と言った時、本当にそう思ったのかどうかを問われて、証人は答えている。

「そうは思いませんでした」

また、この証人はあとで検事の取り調べに対しても警察で言ったのと同じ「夜だった」と言っている。しかし、それは、

「前に警察で述べたと同じくしゃべらないと悪いのでないかと思い、恐ろしくなって、同じように述べたのです」

という。

このへんのところは、△△が成城警察で調書を取られた時の様子と、不思議によく似ている。二十五年も昔に松川事件であったような強引な自白の強要、誘導、調書のでっちあげは、例外的なできごとなのではなくて今日でも東京の警察の調べ室で普通にあることなのかと思って、気味わるくなった。もっとも、前章のような公判廷での△△供述は事件から半年以上たったのちのことであり、この間には当然法廷でどういう供述をすれば有利かなどについて細かく弁護人と打ち合わせをしているはずである。

また、松川事件の場合とは違って、この事件では△△が無実かどうかを争っているのではない。調書のウソが証明されたら、それで△△の容疑がすべて白くなる、というわけではない。弁護側は、前章の△△供述から「調書には執拗な誘導があった。その信憑性は極めて低い」と主張するだけで、それ以上、この点についての追及はしていない。検察側の反論もとくになかった。

したがって、成城署での取り調べや調書の作り方が果たして△△供述のとおりであったかどうかは、わからない。調書は一〇〇パーセントうそで、公判供述が一〇〇パーセント正しい、などといえば公平を欠くことになるだろう。

しかし、△△の法廷供述を読んだあとで、もう一度、私は五月八日の供述調書（資料⑤）を読んだ。最初この調書を読んだ時には気にもとめなかった幾つかのことに、今度は気がつく。

## まるで別人の供述

そのひとつは、△△△△という同一人物の供述であるのに、五・八調書の供述と法廷供述とでは全く言葉づかいが違うことである。なぜ違うのかといえば、法廷供述が速記録であるのに対して、調書のほうは調べ官による聞き書きであるからだ。速記録のほうが客観的に供述者の言葉づかいや、話し方、言い方を表しているのに対して、聞き書きだとどうしても聞き手の言葉づかい、語り口が入りやすいものだ。また、聞き書きをする場合、相手のいうことをどこまで正確に写しとれるかは、聞き手の理解力とか言語能力によっても左右される。

そういう違いであることは明らかなのだが、読み比べてみると、まるで別人の供述のような違いがある。これは少し違いすぎるのではないか、と次に私は疑った。たんに言葉づかいの違いだけではなくて、△△という人はこういうふうには言わないだろうと思われる言い方が調書のほうに出てくる。どうも、速記と聞き書きの差以上のものがある。これは何だろうか。

同じ聞き書きの調書でも、あとで調べた検察官の調書になると、ずいぶん調子が変わってくる。警察調書に比べて、ずっと△△の言葉づかいになっている。事実関係も大事な点で幾つか違ってくる。ところが警察の調書は、なかでも最初の五・八調書については、全体に供述があらっぽい。何というか、話の運びが性急で、ぎくしゃくしているのだ。

あとは私の推測になるが、この五・八調書をとった警察官は、少なくともその夜、△△の供述をありのまま忠実に聞こうとしたのではなかったような気がする。それよりも、この×××という警部補は事件捜査報告書によると三人の部下を連れて同日夕方、△△宅に捜査に行って直子ちゃんの死体を見ている。死体のそばにいた△△に、その場で事情をたずねている。そのあと△△を警察に同行して調べに入った。この間に見聞した事実の断片をかき集めて、頭の中でつじつまを合わせようとした。その結果を、警察の用語で作文していった。それが、この五・八調書なのではないだろうか。

このように推測していくと、△△が法廷で訴えた事がら（つまり本当の気持ちと調書との間の距離とか、誘導的な取り調べとか）にはあまりウソはないのではないか、と私には思われる。

五・八調書に関連して、もう一点、前章でみた△△の法廷供述のなかに、その五月八日の調べ室のふん囲気を語ったところがある。△△は殺人罪で調べられるとか、逮捕されるとは思ってもいなかった。殺人と書いてある逮捕状を見せられてびっくりする。その前後、警察のいろいろな人が、きつい言葉で△△にいっている。「大学を出て一流の会社に勤めているような人間の考えることはわからん」「計画的な冷酷な犯行だ」「許せぬ」などと。

## 警察に強い予断

あとで△△が自殺した時の記事（資料③）にのっている奥さんの談話では、この夜、刑事さんは夫をいじめて「とぼけるな、お前のようなやつは人非人だ」といったという。

また、五・八調書の次の翌九日にとった調書のなかで（その部分は問答形式になっている）警察官が△△に「餓死などという残虐な方法でなく、首をしめるとか毒を盛るとか、そんなに苦しまずに殺す方法があるのに、何故そうしなかったのか」とたずねているところがある。

これらの記録から私は推測できるのだが、どうも警察側は△△に対して強い予断を持って調べたのではないか。

警察としては、まず、餓死という事実に注目する。殺害の手口としては珍しい。毒殺とか絞殺より、子どもの苦しみは長く、それだけ残虐に見える。むろん、計画的にやらなければできない犯行である。実際は拒食症という事実があるわけだが、それは警察にはまだわからない。拒食症についての知識はなく、そんなことがあるとも思っていないので、逆に、拒食症だったと訴える父親を、とぼけたいいぐさだと受けとった。いよいよもって、冷酷な人非人に見えたことだろう。

餓死した赤ちゃんの親指に赤チンが塗ってあった。指しゃぶりの跡だといい、皮がはげている。これも父親は否認するが、腹をすかせて指を吸ったに違いない、と警察は見てしまう。

おそらくこのようにして、警察官の頭のなかに鬼そのもののような凶悪な父親像ができあがっていった。そして、このような予断を持って、警察官は五・八調書を作文したのだろう、というのが私の推測である。

また、同じ予断があったから、だから警察署の次長は翌朝取材に来た各社の記者に対して、五・八調書をさらに強調し、誇張した冷酷非情な父親を描いてみせたのだろう、と私は考える。

五月九日付夕刊にのった記事（資料①）が事件の実際と違っていたのは、当然のことであった。また、このようにみてくると、その記事に、

「△△は素直な態度で取り調べに応じ、直子ちゃんの死にいたるまでの経過などを整然と自供した」とあるのも、実際と違うとみるべきであろう。実際は、警察から見て△△の態度は素直ではなかったし、供述も「整然と」どころか矛盾に満ちていた。警察は、記事にあるような内容の供述調書を無理して作文した。

無理をして自供内容を作文した時にかぎって、警察は「犯人は素直な態度で、整然と自供した」などと発表したがる。悪しき常套句のひとつである。

## 問題点

この事件に限らない。一般にひとつの出来ごとがおこって、それがどのような経過をたどって記事になるのか。出来ごとと記事との間に、一体どういう仕組みがあって、事実の選択を誤るとか、解釈がゆがんでしまうとか、あるいは加工、操作、変形、乱れといったものが入りこみ、積み重なっていくのだろうか。△△の事件について、そのことを時間の経過を追いながら整理してみたい。

この事件の実際と書かれた記事（資料①）との食い違いは、次の四つの段階を経てひろがっていった、と考えられる。

事件の実際

↓

①△△の供述

←
②成城署員の取り調べ、調書作成
←
③成城署次長の新聞発表
←
④記者の記事作成
←
記　事

動揺、矛盾だらけ

第一は、事件の当事者である△△が、警察官の取り調べに対してどこまで正確に自分のしたことを語りえたか、どうかである。△△は混乱していて、真意が警察官にはっきり伝わるようには、うまく語れなかったのではないか。

娘さんが死んだ。その死が普通ではない。ずっと付き添っていた父親に疑いがかかり、殺人容疑で警察につかまった。と、こういう状況で、父親がどんなに動揺していたかは容易に想像できる。△△のその夜のうけ答えが支離滅裂で矛盾だらけなものであったとしても、不思議はない。

そのうえ△△は、警察に呼ばれて調べられることを予期していなかった。殺人容疑の逮捕状を見せられてびっくりしている。強く殺意を否定して「これが寿命だったのだ」とか「娘は神に召されて幸せになった」といいはって、調べ官と押し問答になった。本人は正直に正確に気持ちを説明したつもりだったのだろうが、警察官には通じない。逆に警察官をいら立たせ、反感を買った。大学出のインテリ言葉や一流会社に勤めている恵まれたサラリーマンに対する感情的反発を誘いだしたらしいことも、うかがえる。

混乱は二重になった。ごまかしをいう無責任な男だと疑われて、ほかの事実関係の供述まで素直に伝わらなくなっていったか、と想像できる。たとえば、拒食症のことが理解されなかった。指しゃぶりの意味についても△△の説明は信じてもらえなかった。

無理な注文かも知れないが、もし当夜の△△がもう少し違ったものの言い方をしていたら、それだけ調子の違った多少は同情的な取り調べが行われていたかも知れないと思う。事実は反対に、調書内容も新聞発表でもことさら冷酷な父親の凶行に仕立てあげられていくことになった。

## 供述書の作り方

第二は、警察官の取り調べや供述書の作り方にある。△△に対する取り調べがどんなに乱暴なものだったかは、前章までに見てきた通りだ。供述調書の聞きとりでも、予断をもってどんどん誘導し、つじつまあわせをしたらしい。

まるで戦後の混乱期の松川事件そのままではないかと私はあきれたのだが、必ずしも意図して乱暴をしているとは限らない、という話を事件担当記者からきいた。警察を弁護するわけではなくて、逮捕前後の取り調べや第一回の供述調書というものは、技術的に考えても、多くはこのようなものであらざるを得ない、というのである。
△△なら△△を殺人容疑で取り調べる。この場合、警察としては何よりも容疑が白か黒かを決めなくてはならない。黒とにらんだら、逮捕に必要な証拠をそろえる。容疑者の自白は有力な証拠である。ことは緊急を要する。おどしたりすかしたりして、犯行動機だの手口など必要条件をみたす調書をとろうとする。ここでは親身になって被疑者の気持ちを汲んでいるゆとりはない。表現のことなども考えてはいられない。調書の型にはめこもうとして、むしろ可能な限り筋書きは単純化し、細部は無視してかかるのが普通である。△△に殺意があったかなかったか、どうも微妙でわかりにくい事件だ……などと迷っていたら商売にならない。
こういう作業だから、結果はどうしても荒っぽい調書ができあがる。第一回の調書というのは、もともとそんな性格のものだ。事件の実際との間に距離があるのは、やむを得ない。ゆがみや間違いは、二回目三回目の調書でなおしていけばよい。事実、調書の内容はどんどん変わっていくのが普通だ、というわけである。

かりに警察の業務はそれでよいとして、では、荒っぽくて間違いの多いのが普通だという調書をもとにして書かれる新聞記事のほうはどうなのか。調書は書き直しがきく。記事のほうは、まず書き直すことはない。書きっ放しである。

## 新聞発表のやり方

第三の問題は、警察での新聞発表のやり方にある。警察の取り調べと調書が以上のようなものであるうえに、そのうえさらに、新聞発表のときに警察の予断なり解釈が加えられたらしいことを、私は前章までに見てきた。

こういう新聞発表のやり方もまた、いまの警察では極くありふれた普通のことだ、という話を私はきいた。事件担当記者の、次のような説明である。

まず、警察側としても新聞発表の段階では事件発生ないし犯人逮捕直後のことで十分な情報がそろっていない場合がほとんどである。しかし、取材記者にはすっきりとした、わかりやすい筋にして発表したい。それが記者側の要求でもある。そこで、手元にあるバラバラな情報のうち矛盾したものは落とし、足りないところは解釈なり推測、予断で補って、何とかつじつまを合わせようということになる。

△△の事件でいえば、五・八調書にある「食べものを与えたが受けつけなかった」という拒食症に関する供述を、成城署次長は発表のときに落としたらしい。供述のここのところは、当時の警察の解釈とは矛盾していたからだ、と思われる。もしもこの供述を重視し、さらに本人が殺意を否定しているとなると、事件の様相は一変してくる。そうではなくて、△△はぐずぐず言っているが、事実は恐ろしく冷酷な計画犯行なのだというのが当時の警察の解釈であった。この解釈に沿って、つじつまを合わせた、警察流にはすっきりとした発表が行われ、記者側もそれに従った。

警察による情報の操作である。警察が新聞や放送を使って世論を操作する目的で故意に虚偽の情報を発表する場合がある。思想や政治に関連する事件の報道で、このことはよく指摘され、批判を浴びている。

しかし、△△の事件の場合、警察の情報操作は、故意というよりは無意識的な慣習として行われたのだと思われる。このごろの警察は平気でお話を作る傾向があるから、というのである。警察のほうが記者の先まわりをして、記者がよろこびそうな面白おかしい材料を選んで提供しようとする。悪い記者の真似をして、あるいは週刊誌を読みすぎて、進んで情報の味つけをする。そうするのが新聞に対する広報サービスだと思っているらしい、という。同時に、このサービスの裏には警察の点とり主義ということもある。つまり、情報の味つけによって記事の扱いが大きくなれば、それが広報担当者ないしは警察署幹部の点数になるのである。東京の各警察署は警察記事の切り抜きにはげみ、扱い件数の多さと扱い段数の大きさを競っている。少しでも扱い段数を大きくしようとして「明日の夕刊、紙面のあき具合はどうですか」と記者クラブにたずねてくる広報担当なども珍しくはない。明日の紙面が何か予定があって一杯なら明後日にしよう、というわけである。

このようにして、勝手に話を作られるのでは、被疑者はたまったものではない。

## 時間の制約の中で

第四は、記者の取材と記事を書くときに問題がある。限られた材料で、時間の制約にしばられながら、話のつじつまをあわせなくてはならないのは、取材記者の立場も同じことである。文字づらだけでもひと通り論理を通さなければ原稿にならない。デスクは通らない。そこで「ここは、こうだろう」と、記者の方から警察官を誘導する。強く否定されなければ「調べによれば」として、責任は警察に押しつける形で何でも書いてしまう。

また、そのさい少しでも記事を面白くして扱いが大きくなるのを記者はねらう。こうすればベタ記事が三段になり、三段の記事がトップになる、という仕掛けを記者は探す。長い間そのように訓練されてきた。本能のようなものになった。記者のそういう本能につけ込んで警察の広報担当はお話をつくるのである。記者もまた、警察に誘導されるのを知っている。のせられるのを知っていて、のっかる。なれあいである。

どういうわけか、こと事件報道に関するかぎり、警察からの取材だけで書いた一方的な記事がまかり通っている。通念になっていて、記者もデスクも疑わない。ずっと、そのようにしてやってきた。まるで被疑者には口がないかのようである。警察につかまるのは悪人にきまっている。悪人については何を書いても構わない、とでもいうのだろうか。

このような事件報道が、人を何人殺してきたか、と思う。

## 手がかり

紙面と時間の制約があり、集めうる情報の量と正確さには常に限界がある。また、言語という表現手段はいかにも不自由で不完全な代用品でしかない。このような条件のもとで取材したり書いたりしているのだから、出来ごとの実際と記事との間に多少の距離とかズレができるのは、避けがたい。では、その距離とかズレを最小限にちぢめるために、どんな方法があるか。

いままで調べてきたことのなかから、いくつかの手がかりを拾うことができると思う。ひき続き、この△△の事件に即して考えてみたい。

㋑警察の発表内容を一度は必ず疑ってみることをすすめたい。

前章でみたように、慣習として、記者もデスクも警察の発表は疑わないということで今日までやってきた。警察からの取材だけで書いた一方的な記事をデスクは通してきた。そのような警察とのつきあい方を少し変えるわけにはいかないか。警察発表べったりではなく、一歩か二歩か距離をおくのである。

警察を疑え、というのは事件担当記者にとって穏かではないことかも知れない。事件報道は発表ものばかりではない。むしろ事件らしい事件については警察側が口をかたく閉ざすのが普通である。疑うどころか、長いつきあいと信頼関係をつみあげていってかたい口を割らせなくてはならない。へたな疑いようをして事を構えたりすれば、仕返しをされる心配もあるだろう。もちろん私は不必要な警察とのけんかを勧めるつもりはない。

しかし、△△の事件でみてきたような取り調べのやり方、調書の作り方、発表の方法は、この事件だけのこととは思えない。むしろ、あれが普通のやり方だと警戒してかかるほうが基本的には正しい取材態度だと思われる。警察の発表内容を無批判に記事にしている限り、事件の実際との距離を少なくすることはできないだろう。

また、この事件の場合、警察が意図的に事件をねじまげてウソの供述調書をでっちあげたとは思わない。ひとつには、警察官の理解力や言語能力が足りなかったということがあって、食い違いが拡大していった。事件報道にはいつもつきまとう問題であり、そのへんのことをよく承知して警察とつきあうのが、言葉を扱う職業人としての記者の当然の責任だと思う。そのような意味でも警察発表は疑いながら聞くべきものであり、疑わないほうが記者の怠慢だともいえる。事件記者とは、たんなる警察情報速報記者ではないはずである。

㋺現場に行くか関係者に当たるかして裏付け取材をすることを原則としたい。

わかりきった話なのだが、警察の発表だけでは記事にしない。発表は取材の出発点だと考える。△の事件で残念だったのは、取材の時間があったのに入院中の奥さんに会わなかったことである。あとの自殺のときは奥さんの談話をとっている。事件の本筋にもふれて、心に残る談話だった。それだけに発生の時もと惜しまれてならない。もし会えていれば、必ず直子ちゃんの拒食症の話が出ただろう。あるいは警察官とは少し違った目で、より実際に迫った記事が書けていたかも知れない。

㋩記事のなかで警察発表をどう扱うかについて。

疑うといっても、警察発表を無視したり全面的に否定して記事にのせない、というわけではない。また、それほどきっぱりと警察発表を無視したり否定したりできるほどの材料が記者のほうにはないのが普通である。

そうではなくて、記事のなかで、ここからここまでは警察情報であるということを明示したらどうか。「警察ではこう見ている」「以上が成城署調べ室の判断である」などという表現をもっとたくさん繰り返し使う。警察発表のところは全部、かぎかっこで囲んでもよい。できれば調べ官や発表者の名前を入れたりする。こうするだけで発表べったりの記事ではなくなるはずである。発表から一歩か二歩の距離がとれる。

そのうえで、次に（あるいは前に）、警察情報とは明らかに区別した形で、記者の裏付け取材とか記者が持った疑問点とかを示していく。

「警察の調べによると」という断り書きで記者の推測や不確実な情報を書くウソが、この形の記事では使えなくなるだろう。

㈡足りない材料で無理に話の筋を通そうとしないこと、わからないところは「わからない」とはっきり書くことを勧める。

たとえば「捜査でAとBと二つの事実があることがわかった」という発表があり、その事実から犯行動機はQ、R、S、三つの場合が考えられる。しかし、警察はまだ、そのいずれであるかを決めていない、とする。こういう状況のときに、

「Q、R、S、そのいずれであるかは、まだわからない。警察はこれから調べる模様である」

あるいは、

「警察がQ、R、S、のどれを犯行動機と見ているか、本社は（記者は）まだ確認していない」

というふうな書き方はできないだろうか。断定をいそがないのである。

今までの習慣では、記者が勝手にQならQと断定して「と警察は見ている」と書いてしまう。とくに警察が否定しない限り、居あわせた各新聞の記者が話し合いで「警察はSと断定した」と書くこと

を決めたりする。そのようなウソは、もうやめようではないか。

事件報道に限らず、記事を書いていて、さまざまな「わからない」ことにぶつかる。情報が足りなかったり、矛盾しあったり、確認できない場面である。しかし、そこで「わからない」とは普通は書かないできた。「わからない」と書くのは、いわばタブーであった。「わからない」と書くと、いかにも自信がないように受けとられ、記事の権威をそこなうとでもいうわけだろうか。実際はむしろその反対で、記事の一部分について正直に「わからない」と書き、情報の正確さを限定することによって、かえって記事全体の信頼度を高めることができると私は思う。

また、経験が教えるところでは、話の筋とは矛盾した情報、筆者の気に入らない情報のなかに、しばしば宝石が落ちているものだ。話を「わからな」くする情報をかんたんに捨ててしまうから、話が違ってくる。

㋭もっと続報を書こう。

第一報だけの書きっ放しがどんなに危険であるかを、△△の事件が教えている。また第一報で断定を急がず、不確実なところは「まだわからない」と書くようにすれば、どうしても後追いの取材と続報とが今までよりも必要になってくる。

㋬警察の広報となれあいで話を面白くすることはやめよう。

記事が「面白い」「面白くない」というのは何をいっているのかを考えてみたい。警察官が頭のなかで（警察用語で）「面白い」と思うような尺度で作ったお話が、果たして本当に面白いか。同じように、新聞記者の頭で話を面白くしようとして、果たして本当に「面白い」記事が書けるだろうか。

実際は、反対だと思う。頭のなかでこうなれば面白いと決めて事実を選別することで、かえって面白い事実の細部を見落としてしまい、話をつまらなくしているのではないか。本当の面白さは、そのような警察官や記者の頭のなかの尺度や予断を裏切るような事実のなかにあるのだ、と私はみている。

世の中の急激な変化につれて犯罪の様相が変わってきた。警察には理解できない事件がおこる。今までの捜査のやり方では追及できない事件がふえている。と、よくいわれる。私は、この話を面白いと思う。警察や記者の頭の外に世の中の変化の実態はある。無理に話を面白くしなくても、けっこう世の中は面白さに満ちているのではないか。面白い記事を頭で作れると思うのは、警察官や記者の思いあがりではないか。


Ⓣ事件報道と各新聞社間の競争について。

以上のように「警察の発表を疑ってみること」「必ず現場で裏付け取材を」「断定を急がず、わからないところはわからないと書こう」「面白く話をつくるな」といった手がかりで事件報道を変えていくとして（いろいろ難点はあり、容易に変えられないとは思うが）、今まで通りの記事の評価をあてはめて読めば、このような記事は当然、地味だ、迫力がない、冴えない、ということになるだろう。他社の紙面に見劣りがする、といわれるに違いない。どんなに事実に忠実であっても他社のハッタリ記事にはかなわない。それが△△事件ていどの単発ものならいいが、たとえばロッキード事件、連合赤軍リンチ事件、企業爆破事件といった大事件の報道の場合、他社に連日「飛ばし」記事を書かれたら勝負にならない。それでもいいのか、という疑問がある。

今日までの事件報道が（事件報道に限っての話ではないのだが）、多少とも記事の信頼性という点で目をつぶらざるを得なかったのは、各新聞社間の取材競争に負けまいとした結果であった。記事評価の基準も、他社の記事との比較、勝ち負け、に常に力点がおかれてきた。そのような評価基準が、信頼性とか正確さでの記事の品質管理を甘くする結果に導いてきたのであった。

記事と事件の実際との距離をちぢめ、信頼性を回復するためには、一方で、記事の評価基準を変えなくてはならないだろう。

また、多少とも記事の信頼性に目をつぶらない限り、実際に部数の競争で負けるものであるのかどうか、厳密な検討をする必要があるだろう。

## 窓

朝日新聞社に記事審査部が創設されたのは大正十一年十月のことだった。同月二十一日付朝日新聞に『記事審査部の創設――日本に於ける最初の試み――』と題する社告がのっている。

### 社告

社告の全文を紹介する。

## 記事審査部の創設
### ――日本における最初の試み――

新聞紙が記事の正確を期するはその敏速を努むると共に新聞紙当然の任務で、之がために何れの新聞社も全力を挙げて常にその及ばざらんことを恐れて居るのであります。併しながら裁判所で三審を経たものでも覆へることがあります。まして、迅速を尚ぶ新聞紙のことでありますから、如何に間違のないやうにと努めても、遂何等の悪意なくして或は事実を誤り、或はあらぬ疑を起させるような書き方にならないとは限りませぬ。これが為に人知れぬ迷惑を蒙って居る方々が世間に随分尠からぬことと存じます。尤も法規に依り正誤取消の途は開かれて居りますが、其効果は極めて薄く、大部分は事実でも一部の相違のために単に取消文で済ませやうとするものもあり、事実無根と云ふも必ずしも事実無根でないこともありますが、多くの人々は事々しく訴訟沙汰に及ぶのも億劫であるため残念ながらその儘泣き寝入になり、新聞社の方も相済まぬと知りつつもつひ其儘となって仕舞ふことがあります。

斯ういふ事がどれ程新聞紙と公衆との間の感情を疎隔して居るか知れませぬ。元来新聞紙と公衆とは相依り相助くべきもので、この両者の疎隔はやがて相互の同情と理解とを失はせ、公衆に取って不利であると同時に、新聞紙存在の意義から言っても大に取らぬ処であります。随って正誤取消文の掲載のみを以て慊らざる諸君のために、我社は此度記事審査部なるものを創設して、本社新聞の記事に関し特に申出を受けたる時は之を公明に審査して誤れるは正し、取消すべきは取消し、その他辨ずべきは辨じ、謝すべきは謝し、場合によって始末を公にしてその真相を闡明し、之を紙上に公表することにしました。審査部なるものはニューヨークのウォールド紙が今より九年前初めて之を設け、費府のパブリック・レッジャー紙が之を学んで以来米国各地の新聞紙に行はるるもので必ずしも我社の創意ではありませぬが、日本に於てはこれが初めてでありませう。どうか我社微意のあるところを認められ、御遠慮なくこの部を利用して戴きたいと存じます。

一、本社新聞の記事の誤ありと認めて関係者より特に審査を求めらるる方は本社審査部宛申出のこと

二、右の御申出に対し審査部は成るべく速かに審査を遂げたる上相当の処置を致すべきこと

大正十一年十月　　東京朝日新聞

**論説**

翌二十二日付紙面では、論説の欄に『審査部の創設』と題する一文がのっている。同じく全文を紹介する。

新聞記者の職務がプロフェッションと称せらるべきものなりや否やの問題の提起せらるる毎に、これを否定するものの論拠は、新聞記者間に、医師、弁護士の間に行はるるが如き伝統的の倫理法典なしといふ点にある。倫理法典の有無がプロフェッションなりや否やの問題を決すべき唯一の標準なりや否やは、尚議論の余地を存する所であるが、新聞記者といふが如き、比較的新しい職業には、伝統

的の倫理法典なんどのあらんやうはないと、一般に認められてゐるらしい。以ての外の僻事である。

如何なる職業にか倫理法典なくして立ち行くものがあらうか。たとへ法典と迄はいひ得ずとも、倫理の悌は陋巷の売春婦の間にだに存する。全然これがなければ如何なる職業も、又これに従事する者も、到底社会的に共存し得ない。世界に現代の意義に於ける新聞紙始まって約三百年、その当初に於てこそ人をして眉をひそめしむべき無倫理状態がないでもなかった。第十七世紀末から十八世紀の初めにかけて英国の新聞紙がすなわちその好一例である。これが一方で行き詰まっては一律を生じ、一方で頭をついては又一律を生じ、その結果今日の新聞紙界には、自からなる倫理法典が厳然として出来てゐる。只憾むらくはこれがさう厳然と出来てゐないやうに見える場合が多い。新聞紙が故意か又は無意に誤を伝ふる時の如き、殊にさう見える。

世には新聞紙の為に誤りを伝へられた為、干すに由なき濡衣を着せられ、身に覚えなき悪名を負はせられ長上からは睨まれ、同輩からは疎ぜられ、その職を奪はれ、その地位を覆され、訴ふるに所なくして、空しく涙を呑んで、新聞紙界に倫理も道徳もないもののやうに怨んでゐる者がどれだけあるか知れぬ。新聞紙の勢力が加はれば加はるに伴って、人を傷つくる事が益大きくなって来た。今日新聞紙及新聞記者に対する一般の感は次第に敬愛の度を加へて来たに拘らず、嘗て新聞紙の為に傷つけられたことのある者が尽く新聞紙を且怨み且恐れてゐるのは争ふべからざる事実である。

新聞紙が故意に不実の報を伝へて得たりとしてゐるやうな事は滅多にないが、無意に誤を伝へたことは認めねばならぬ。威力の大きい武器を擁するものは殊に自ら之を慎むの要がある。我社は創立以来の方針として、努めてこの点に留意し、常に小心翼々誤を伝へざらんやう、人を傷つけざらんやうとのみ心がけて来たが、併し神ならぬ身の人間の力を以てしては如何に努めても誤を伝へた事もあらうし、人を傷つけた事もないとは言へぬ。省みる毎に慄然として膚に粟するを覚える。我社が他に先んじて審査部を設けた微意は此に在る。新聞紙の向上を図り、倫理法典の完成に近づくべき第一歩は正しく此に在ると信ずる。

◇

このような趣旨で記事審査がはじまった。その方法はまず当事者から手紙で審査の請求を受ける。請求によって問題の記事の再調査を所管部に求める。その部で判断がつかない場合は、記事審査部員が直接それぞれの関係者に当たって事実を調べる。調査の結果で、▽記事を訂正あるいは取り消す、▽続報を書いてその中で誤りを正す、▽なお真否の判断がつかない場合は訂正申し込みの内容を掲載する、▽話し合いで解決する、▽記事に誤りのない時は訂正や取り消しの請求を拒絶する、などの処置をとった。また、月々の審査結果を「記事審査部報告」として紙面で発表した。

今日でも訂正の欄があり、実質的には同じことを続けているようにも思われる。しかし今日の訂正のやり方に比べて、当時の記事審査は読者に対してより一層親切であった。

たとえば、大正十二年六月八日付紙面に審査請求にもとづく東京のある娘さんの自殺事件の続報が三段で掲載されている。これだけならば今日の紙面でも類例がないわけではないが、大正時代の朝日新聞はさらに同年六月二十四日付紙面の「記事審査月報」で、

「五月十四日某氏義妹の自殺原因につき記事審査の請求あり、直に審査したるところ誤謬を発見し、

六月八日紙上に自殺原因の真相を発表した」
と、重ねて報告している。

## 昔と今

今日の訂正と当時の記事審査とのより決定的な違いは、五十余年昔の朝日新聞のほうは「本社記事の誤りで人を傷つけている場合があり得る。誤りがあったら、どんどん審査を請求してほしい」と、こちらから読者に呼びかけて苦情受け付けの窓口を開いていることである。また、その呼びかけは大正十一年十月の社告と論説だけではなく、月々の「記事審査報告」の欄で社告と同じ趣旨の呼びかけを個条書きにして繰り返している。

今日、そのような窓口はない。

欠陥商品騒ぎや消費者運動の高まりとともに大量消費商品を扱う企業は近年一斉に広報室、消費者相談室といった苦情受け付けの窓口を開きだした。広告業界も苦情受け付け機関を発足させている。

基本的には同じ種類の時代の波を、いまや新聞もかぶっているところだ、と私には思える。大正時代に比較して一般に記事の品質は良くなっただろう。しかし、それと同時に読者の記事に対する正確度や信頼度の要求も高くなった。ところが今日の記事審査なり記事評価のやり方は、前章でみたとおり、信頼度や正確度での記事の品質管理を甘くする結果に導いている。大正十一年の社告がいう「新聞紙と公衆との間の疎隔」は、今日のほうがずっと大きいに違いない。また、当時の論説がいう「新聞紙の勢力が加はれば加はるに伴って、人を傷つくる事が大きくなって来た」のも近年は一層であろう。

新聞に対する読者の信頼が急速に崩れていく時代に生きている、という実感が私にはある。信頼が崩れていく速さは、とりわけ数年らい加速しているように私には見える。これは何に由来するものなのか、また、これに対してどのような対応策がありうるか、について私は幅の広い組織的な調査や研究を始めるべき時期にきていると思う。事件報道についてこのような調査を始めた理由のひとつはそこにあった。おなじ意味で、読者からの苦情受け付けの窓口を再開することを検討していいと思う。
五十余年前に開いた窓をなぜ閉じてしまったのか、惜しまれてならない。

おことわり
疋田桂一郎編集委員の「ある事件記事の間違い」は、「調研室報」の最近号に掲載されたものですが、ある一つの事件についての記事を、公判記録などによって克明に追跡し、人権への配慮からも取材、記事のまとめ方がどうあるべきかを反省をこめて指摘しています。第一線記者諸兄に広く、熟読していただきたいとの願いから、調査研究室の了解を得て「えんぴつ」に再録しました。なお、この「疋田レポート」についての読後感、率直なご意見を、筆者なり、各部の編集局報委員にお寄せ下されば幸いです。
(『えんぴつ』一五三号、一九七六年九月二五日)

## 一九八〇年度日本記者クラブ賞「わたしの言い分」受賞の言葉

日ごろ記事を書き、取材で歩いている間に、ひとつ、気になってならないことがあります。世間の各界各層の方々から聞かされる新聞不信の声です。

「どうも近ごろの新聞は困る」という、さまざまな指摘です。私の実感では、これが年々厳しくなって来ているような気がしますし、私たち新聞人が仲間うちで想像している以上に広く世間に行きわたっていることではないか、と思われます。いったい今日の新聞不信の由来は何なのか。私なりの考えはありますが、同時に、私たちはこれにどう対処したらよいか、いろいろ考えてまいりました。

長いあいだ考えてきたことの、いわば一つの帰結が「わたしの言い分」という紙面企画でした。今も週一回ずつ連載しているインタビューの欄です。

正確な情報を伝えること。公正な報道ということ。いうまでもなく私たちは日夜休まずに努力しているわけですけれども、しかしこれが時に偏ることがある。十分に気をつけてはいるが、どうしても報道が一面的になって、事件なり事象、問題のもう一方の半面を形成する情報や主張が伝えられていない。こういう偏りが、そのつど当事者をいらいらさせ、憤激させている。その積み重ねが新聞不信の声として拡大してきたのだと思われます。「わたしの言い分」欄に登場していただいたのは、第一は、このような事件や問題の当事者でした。広いスペースでたっぷり語ってもらうわけです。

この種の偏りが、時として新聞各紙からテレビ、雑誌をふくめた雪崩現象的な大合唱になってしまう場合があります。大変おそろしいことです。「わたしの言い分」という欄を常設することによって何とか雪崩現象が起こった時の見張り役としたい、と次に私は考えました。つまり、新聞社の編集局のなかで、常時だれか一人は、日ごろから意図して報道なり論評の大勢とは反対の視点を出していくように心がけている。ものごとの底流を見誤らないように、常時そのつもりで身構えている。それを「わたしの言い分」欄の担当者の勤めとする。ないしは、そういう場面での反対意見の論者の登場を待ちうける一つの窓を、つねに世間に向けてあけておきたかったのです。

しかし、当事者のいら立ちと憤りは大きな問題や事件だけではありません。私の考えるところでは、一般に、世間のほうが新聞に求めている情報の正確さ公正さの水準と、今日の新聞がこたえている情報の質との間に、多少のズレがあるのではないか。世間で実生活者が常識的に描いている世界像と、新聞が映している世界像との間に、少し隙間があいてはいないだろうか。あるいは、ものごとをより多角的、多面的な鏡で乱反射させなければ、今日の読者は満足してくれない。ところが新聞は依然として一枚の鏡ですべてを映している、というふうなことはないか。そこで「わたしの言い分」欄では、政治、経済、社会、文化、スポーツ、風俗、なるべく広範囲にわたって、ふだんはあまり新聞に出て来ないような意見、どちらかと言えば少数意見をさがして紹介していこう。多角的、多面的な論争と論証の場としたい。こう考えて連載の回数を重ねてまいりました。

果たして私の思っていたことが少しでも実現できたか、どうか。各回のインタビューそれぞれに不満が残りました。また、記事の性質からいって、当然、くそ真面目な、硬い連載になりました。地味で目立たない記事でよいのだと、私は考えておりました。

このたび、このような記事に注目していただけたことを、私はとても嬉しく思っております。

（一九八〇年）

# 取材ということ

私はいま、毎週月曜日の朝日新聞夕刊に連載されている「わたしの言い分」というインタビューの欄を担当している。この記事の場合の私の取材のやり方を、順を追って書いてみる。与えられた主題「取材ということ」が、取材ということ一般の過不足ない解説を求めているのであれば少し主題から外れるかも知れない。また私の取材のやり方がどこまで一般化できるかについても、いろいろ注釈が必要だろう。ただ、このなかから何か一つでも参考にしてもらえるものがあればよいが、と願って書く。

## 主題さがし、人選び

毎週一本ずつの主題をさがし、主題にふさわしいインタビュー相手を選ぶことが、私の取材の第一の作業である。取材と記事の成否を分ける厄介な作業であり、面白いところでもあるが、当然この作業の実質は「わたしの言い分」欄の企画意図と直接むすびついている。しかし、ここでは連載記事の中身を説明するのが目的ではない。この第一の作業のやり方は省略させてもらう。

## 主題についての資料集め

どんな主題でインタビューするか。その主題が決まったら、ないしは主題を選びだす過程で、その問題なり事件なりについて手に入る限りの新聞、雑誌、その他の記事や資料を集めて読む。読みながらノートをとり、整理し、考える。私にとっては、ノートを作ることが考えることになる。作ったノートを項目別に仕分けしたり組み立て直したりして整理する作業、そのことによって考えを進めていく。

ノートは、どのような状況の取材でも、また小さな手帳や紙切れしか使えない場面でも、私は一枚の紙の表と裏でどちらか一方の面にしか書かないことにしている。あとでノートやメモを整理する時に、一枚の紙をばらばらに千切って仕分けをする必要からである。表と裏両面に書いてしまうと、それが出来ない。同じ意味で、この連載のように比較的ゆとりのある時の取材ノートは同一規格のルーズリーフ式と決めている。

集める資料は、書かれた記事や出版物だけではない。その問題その事件にくわしい新聞社内、社外の人々の話を聞かせてもらい、協力を求める。どんな取材でも多少にかかわらず、とりわけ同僚記者の惜しみない協力や助言を得て私はやって来た。それができなければ、私の取材の能率と困難な取材に向かっていく気力は恐らく何分の一かに落ちてしまうだろう。新聞社は情報の宝庫である。いつも感心し有り難いと思うのだが、これは大変な宝の山である。こうして得られた資料も同じようにノートする。

ノートにはまた、最初にその主題をねらった時、あるいは資料を集めながら、頭に浮かんだ疑問点とか興味を持った事項を忘れずに書きとめておく。最初からそのためにノートの一項目を設けておくことが多い。

それは、調べるにつれて私自身が、にわか当事者、にわか専門家になっていき、記事を書く時になって初心を忘れてしまう恐れがあるからである。初心を失わないことが、取材に当たって大切な心得だと私は思う。つまり、問題や事件について常識的な市井の実生活者が持っているはずの関心度と知識の範囲、という意味の初心を取材者が持ち続けること。記事をわかりやすく親切にし、実生活者が読むに耐えるように生き生きとしたものにするのに、あとでこのメモが拠り所になる。

### インタビュー交渉

インタビューの主題と目的、「わたしの言い分」という欄の企画意図を説明して、取材を申し込む。必要な時は、この欄の掲載紙を届ける。予定した掲載日を伝える。承諾してもらえたらインタビューの場所と日時、所要時間を打ちあわせる。この欄の取材は大体一時間半をとってもらっている。一時間以内と限定される場合があり、半日でも一日でもといってくれる場合もある。よほど取材に慣れた人の場合でも一時間ではかなり苦しい。反対に三時間をこえると、相手も取材者も疲れてきて実の薄いおしゃべりになりやすい。求められた時は、事前にこちらの質問内容を書面にして提出しておく。また、こちらからは、その主題に関する資料を提供してほしいと要求する。その人、その組織の主張をまとめたもの、新聞発表の原文、対談とか講演の速記、その他である。

その人をよく知っている同僚記者に、取材申し込みの中継ぎをしてもらう場合も少なくない。しかし、その場合でも具体的な交渉は必ず私が自分でする。ほとんどが電話だが、なるべく本人と直接に交渉する。できなければ秘書でもよいが、少しでもインタビューの相手を知っておいたほうがやりやすくなるからである。同時に、相手にもこちらの意図をより正確に知ってもらえる。

昨年一月から連載を始めて一年余りの間に五十人をこえる各界の人々にインタビュー取材に応じてもらった。そのほとんどの人が、インタビューに先立って、いまの新聞に対する不満を語るのを私は聞いている。当事者の立場から見て、その問題その事件の報道がどのように正確さに欠けているか。また、そのひと本人が語り尽くしたつもりの真意と、そのひとの談話のかたちで報道された内容との距離について、等々である。私の記憶では十年前、二十年前には、これほどのことはなかった。

取材交渉をしている間に、この点の不信や恐れを少しでも相手にやわらげてもらえるように、できれば喜んで取材に応じる気持ちになってもらえるように、と心掛けている。

### 質問内容を決める

主題について、ひと通り網ら的に質問を用意する。毎回平均して五十問前後になる。これを三ないし四の大項目に分けて分類する。あとの便宜上、質問の順にA、B、C、D、という符号を各項目につける。次に、この各項目のなかの質問を三ないし四の中項目に分けて整理する。中項目には、やはり質問の順にイ、ロ、ハ、ニ、の符号をつける。さらに中項目を三ないし四の小項目に分け、①、②、③、④、の符号をつけておく。分類した質問内容は、できるだけ読みやすい大きな文字でノートに清書する。

複雑な仕掛けのようだが、ごく単純な質問内容の整理法でしかない。インタビューする時、私は録音テープを使わない。清書した質問ノートを傍に置いて、ノートを見ながら質問をし、相手の答えを筆記していく。私は速記ができないし、忙しい筆記を助けるために、質問内容を細かく分類し符号化しておくのである。相手の話を筆記するノートには、質問をＡ―ロ―①とかＢ―イ―③と符号で書く。それだけで筆記の手間がはぶけるし、あとでノートを整理しやすくなる。

読みやすい大きな文字で清書しておく、というのも、そうすれば取材中の作業がいくらかでも楽になるからである。時間に追われ、緊張し、問答がきわどいところなどで、よく大事な質問を落としてしまう。そうならないための用心でもある。長い間この仕事をやって来てなお、取材の現場であがるということがある。頭に血がのぼってしまって往生することが時々ある。油断はできない。

用意した質問の順番通りに話が運ぶとは限らない。網ら的に並べた質問ノートの質問には何か所か重複しているところがある。同じ内容の質問を、わざと言葉と視点を変えて三問、四問として別の項目のところに入れて置いたりする。また、こちらが質問に出すより先に、相手のほうが用意したこちらの質問の順番通りにどんどん話してくれることも珍しくはない。この場合も、筆記ノートにＡ―ハ―②とかＤ―イ―①と符号をつけておく。

質問内容を決めて、それを丁寧に整理しておくのは、取材の現場で実務的に役に立たせたいという目的のほかに、この作業をすることで私の頭のなかの整理をし、より正確に主題を考えておくという意味がある。

インタビューの相手によって、事前にこちらが調べたり整理した内容の輪郭内の答えしか話してもらえない時と、その枠を多少とも超えた話を聞かしてもらえる時とがある。私の準備が良かったか足りなかったかの結果でもある。また、前者の場合の話の内容が一概に弱いものだとは言えない。しかし良いインタビューができたと思うのは、多くは後者の場合である。そして、このようにインタビューの成否を幾らかでも自分で評価できるようになるためにも、質問内容をよく整理しておく必要がある。

### インタビュー取材

約束した時刻の十五分前には約束した場所に着いていて待たせてもらうことにしている。出張取材の場合は原則として前夜のうちに現地に着いているように心掛ける。相手に時間をさいて協力してもらうのだから、約束した時刻に遅れないのは、当然の礼儀である。礼儀である以上に、万一遅刻して、遅刻をわびることから取材を始めなければならなくなった場合の気持ちの負担を考える。それで取材がうまくいくわけはない、と恐れる。新聞記者は行儀が悪い、勝手だ、威張っている、といった世間の目がある。定評というか通り相場というか、私たち記者仲間での想像以上のものがあると思う。これも、たんなる礼儀の問題ではない。それを恥じる気持ちが、私は近年ますます強い。

前に書いた通り、このインタビュー記事では私は録音テープを使わない。ノートに筆記している。その人の言葉づかい、方言、癖といったものを忠実に記事で再現したいインタビューの場合は、録音の必要もあるだろう。「わたしの言い分」欄は、そうではない。言葉づかいの癖を再現して人物像なり性格なりを紹介する欄ではなくて、主としてその人の主張、論証を紹介する場所である。求められるのは、その人が語る論理を書き言葉で再現することである。用語や癖、方言もできるだけ忠実に筆記するが、話し言葉で語られる論理を正確に聞きとることのほうに注意を集中しなくてはならない。そのためには、録音にたよらずに要領筆記でいくほうが私には論理の筋道をたどりやすいと思われる。だから、用語や論理のわかりにくいところがあったら繰り返して聞く。そこのところを別の言い方で言い直してもらう。あるいは、こちらが筆記したものを、その部分だけ声を出して読んで、これでよろしいかどうかと確認する。

正確を期するためにあとで原稿を読ませてほしいと、よく相手から求められる。もちろん要求に応じて原稿を見てもらうことにしている。相手から求められなくても、インタビューのあと筆記したノートを整理してみて論旨が不明確だと思われるところを電話で再確認したり、もう一度たずねて話を聞かせてもらうこともある。二度目のインタビューになる。相手が協力さえしてくれれば、この二度目のインタビューで得られるものは、いつも決まって大きい。

私は質問を何十問も用意し、同じ内容の質問を三通りも四通りにも言葉を変えて質問し直し、また、わかりにくいところを何回も繰り返して確かめる。随分しつこい、おしゃべりな取材だと思われるかも知れないが、実際には、こちらのおしゃべりは最少限に止めるようにしている。相手の論理をひき出すきっかけを作るだけで、あとは完全な聞き役になる。間違っても、こちらの論理を押しつけて相手を誘導するようなことがないようにと心掛ける。とりわけ寡黙なひとの場合に、そうする。じれないで、何分間でも、その人の答えが出て来るのを待つ。記者が記者の頭で考えた論理を押しつけて、それを相手の発言にしてしまったようなインタビュー記事がある。ふつうの雑報記事にしても同じことだが、そういう作りもの記事にはあまり説得力がない。面白味も人の心を打つ力もない場合が多い。

## 取材ノートの整理

筆記したインタビュー内容を読み返す。急いで書いた自分の文字が読みとれなくて、最初は暗号解読のような作業になる。続いて、取材前に資料を読んで作ったノート、初心を書きとめておいたメモ、質問内容、等々と照らしあわせながら何回も読む。当事者が語った論理の筋道が、それらの事前のノートに比べて、どこがどのように違っているか。それを拾い出す作業である。

問題や事件によっては、それまで報道されていた内容、常識的に世間に通用していた論理を全面的にひっくり返すような発言である場合がある。相違点は一か所か二か所だが、当事者によって当事者流に問題や事件を再構成したかたちの発言である場合もある。事前にノートを作った時と同じように、拾い出した相違点を逃がさないようにして、インタビュー内容を項目別に仕分けしたり組み立て直したりして整理する。はさみで切ったり、寄せ集めて別のノートに貼ったりしながら、記事のまとめにかかる。

記事にする時の問答の順序を考える。実際にインタビュー取材した時の問答順にはこだわらない。取材の時は、どういう順序で聞いたら相手が答えやすいかを考える。記事にまとめる時は、どうしたら理解しやすいかで順序を考える。多くの場合、両者は一致しない。質問のしかた、質問内容も実際と記事とでは全く違ってくる。これは話し言葉と書き言葉の違いだけではない。記事にする時にそのようにさせてもらいます、とインタビューの前か後かで相手に伝え、了承を得ておかなくてはならない。

「わたしの言い分」欄は毎回三百行前後のかなり長い記事だが、それでも大抵は聞かせてもらった話の半分か三分の二は捨てることになる。何を残し何を捨てるかで、いつも迷う。

## 記事の手ごたえ

取材とは直接むすびつかないが、掲載後の記事の反響がどうかも取材勉強の一種ではないかと私は思っている。掲載紙は必ずインタビューの相手に送って、その反応を待つ。ただし取材の一種だとはいっても、読んでくれたか、どうだったか、などと誰れに向かっても私の方から聞けるものではない。私は黙って聞こえてくる物音に耳を澄ましているだけである。この反響ということになると、取材の時にその主題について教えてもらった同僚記者よりも、そうではない同僚記者による批判のほうが、また一般に新聞人よりも市井の人、社外の友人の批判のほうが、いつも確かな手ごたえがあると思われる。

三十年あまり取材を続けてきた経験が教えるところでは、どれほど努力してもそれだけで結果が良いとは限らない。しかし、努力しないで結果が良かったためしはない。記事は楽には書けないものだ、というのが私の実感である。

（『新聞研究№332　現代記者読本'79』一九七九年）

# 新聞文章の（まるかっこ）〝ちょんちょんかっこ〟考

記事をより正確に、短く、わかりやすくする工夫を惜しんではならない。できれば文章に快いリズムを持たせたり、反対にリズムを壊すことで対象に迫っていく力を読者に感じさせる、といった書き方の工夫もあるだろう。そのための新しい仕掛けとか型破りな試みを否定するつもりはない。

四年か五年ぐらい前からではないかと思う。記事のなかでしばしば使われる（……）＝まるかっこに、それ以前にはあまり見なかった新しい使われ方のものが混じるようになった。読んでいて気になっていた。

一度だれかが何か新しい書き方を始めると、それが流行のように広がっていく例は少なくない。（まるかっこ）の使い方もそうだった。数えて確かめたわけではないが、今でもその使用頻度は増えつつあるように思われる。

82年四月の新人記者研修で記事の書き方に関する話をしたとき、教材のひとつに研修初日にあたる四月六日付の本紙朝刊14版（東京）を選んだ。その機会に（まるかっこ）がどのように使われているかを調べてみたかったからだった。

研修で話した感想を要約すると、第一はやはり、数えてみると一面から二十四面まで各面ほとんどもれなく新しい方式の（まるかっこ）が使われている。ずいぶんな数であることに驚いた。

第二は、（まるかっこ）のかなり多くが、記事を正確でわかりやすくする装置としてはマイナス要素としてしか働いていないだろう、ということだった。いくつかの使用例と疑問点をあげる。

例①　一面の歳入欠陥対策に関する記事の「しかし、その後も税収は増えず、一月末現在の前年同月に比べた伸びは一〇・五％で、予算額達成に必要な伸び（一八・五％）を大きく下回っている」。同じ面の参院本会議記事の「自民党は『財政再建を一歩進めたものだ』（井上吉夫氏）と賛成討論」。同じ面「海上交通路（シーレーン）防衛問題が取り上げられ……」。二十三面の事件記事「逮捕されたのは……南栄作（二三）」

四例とも、以前から普通に新聞文章の約束ごととして使われてきた。使われ方は少しずつ異なるが、記事を簡潔にするための補足説明的・注釈的な（まるかっこ）である。ほとんど気にならずに読める。ただし、この使い方でさえあまり多いと煩わしくなる。少ないにこしたことはない。

例②　二面の外相訪韓問題で「外務省首脳は……『外相の五月連休中の訪韓はできれば行いたい。しかし（経済協力問題は）難しいところもある。何も（進展が）ないのに行くことは韓国側の意向にもよるが、かえって気まずい結果になってはいけない』と語り……」

この例のように、かぎかっこで囲んだ談話のなかに登場する（まるかっこ）に、疑問に思う使われ方が多い。例①と同じ補足説明的な使用法だが（まるかっこ）がなければ意味が通りにくい。そこが例①とは異なる。以前にはあまりなくて、近年になって目立ち始めた使い方である。

この記事で筆者が（まるかっこ）を使った理由は何だろうか。想像できるのは、外務省首脳がブリーフィング（背景説明）をしたとき、おそらく（まるかっこ）のなかの内容を言わなかった。その場では言わないでもわかっていることなので、言わなかった。記者会見の席で、というか一般に話し言葉では、よくあることだ。それを書き言葉で表現するために、記者が補足をしたのだろう。

もしそうであるなら、この二つの（まるかっこ）は必要ないのではないか。

「しかし経済協力問題は難しいところもある。何も進展がないのに行くことは……」でよい。この種の（まるかっこ）は読んでいて、いかにも煩わしい。時には誤解を招く恐れもある。

この記事の場合はそうは読めないとしても、外相の五月連休中の訪韓が難しいのは「日程の都合」かもしれない。それを記者が誤って「経済協力問題」としたのか、と疑えば疑える場面があり得る。AかBかが疑わしいときは相手に問い返すべきであり、また当然そうするだろう。問い返してAかBかを確かめたうえで、あいまいな（まるかっこ）を外す。相手の談話に言葉の欠けたところがあるのを補足するのなら、このほうが読者に親切な作業であるだろう。

例③　三面の建設業界の献金問題に関する野党議員の質問に「首相は『政治献金を受けたからといって、（公共事業で）不明朗な操作がなされることはない』と突っぱねた」。四面の衆参両院予算委員会での政府答弁の問題点を整理した解説記事。首相答弁を紹介して「私は慎重のうえにも慎重に取り組むべきものであると考えている。（いまの憲法改正の動きには）私は加担しない」

話し言葉であるために欠けたところを補足した（まるかっこ）であることは例②と同じ。記者会見の場合とは違って首相や議員の委員会発言をその場で問い返すわけにはいかないだろうが、文脈から考えて「公共事業で」以外にありえない内容であるならば、この（まるかっこ）も要らないのではないか。

また、問題点を要約し整理するための解説記事で過去の政府答弁を再録する場合、その日の一問一答を報道する場合以上に（まるかっこ）は外すべきだと思われる。

反対に、国会答弁その他で、発言者の片言隻句に重要な意味があって、記者が勝手に補足できない場面があるだろう。たとえば、発言者がわざとあいまいな言い方をして問題から逃げようとする。そして、その言い方をそのまま記事で再現する必要があるとき。そのときはどうしたらよいか。この場合も例②・例③のような（まるかっこ）の使い方はできないはずである。ほかの形で（まるかっこ）を使うにしても、かっこの中は記者の推測であることを読者に断りをいうなり何なりの処置をしなくてはならないだろう。

例④　七面のブラウン前米国防長官に対する本社記者のインタビュー記事の「同氏は『レーガン政権が（カーター前政権と比べて）核戦争回避への熱意に欠ける……』と述べ」

九面のR・クーパー元米国務次官と本社記者との一問一答形式のインタビュー記事の「黒字を現在より（低い）緩やかな水準に保つこと」「相互主義法案の（厳密な）狙いは、あいまいであり……」

ブリーフィングでも国会答弁でもない。一対一のインタビューであり、記事にまとめるのに一定の時間的ゆとりがあることが多い。このような場合の（まるかっこ）こそ、使用根拠は弱いと思う。話し言葉であるための欠語にしても、意味不明であるのならなおのこと、記者が相手に問い返せばすむわけではないか。

例⑤　十一面商況欄のコラムに「▼石川島の商いはずむ。……しかし、『物産はそんなに（石川島の）株を保有しているの？』との声があり、真相はヤブの中だった」

かぎかっこの中は兜町のうわさの一部で、だれが語ったのかは記事に示されていない。その必要もないのだろう。こういう場合、どのような見地からも（まるかっこ）は要らないと思う。

例⑥　二十四面「ビデオテープ」欄の三波伸介のジャズ談議に「……そりゃ（ギターなど楽器を）弾くのをみて、うらやましいなと」「……それと同じですよ。ギターも。（ピアノを弾くなんて）とんでもない話ですよ。だから（ピアノを上手に弾く人を見ると）不思議で神様にみえますよ」

放送のさわりの部分をテープから起こして書き言葉で再現するときの難しさだろう。三十行ほどの短い記事の中に（まるかっこ）が五カ所使ってある。もとのテレビ画面ならば、恐らく（まるかっこ）のところで伸介の表情やしぐさが映っていて、それを言葉で再現しようとしたのだろう。

この場合は、例⑤までとは違って、簡単に（まるかっこ）を外すわけにいかないか、とも思う。伸介のおしゃべりの面白さ、癖、臨場感を損なわないようにするためには、これ以外に方法はないかもしれない。しかし記事のわかりやすさからいえば、やはり疑問が残る。たくさんの（まるかっこ）を使って補足説明をしてあるのに、ひと息で読んで意味が伝わる記事にはなっていないと思われた。

◇

以上が、編集局報に載せた私の感想文だった。社報『朝日人』での再録にあたり、編集者の勧めに従って、以下のメモを付け加える。
一、このような（まるかっこ）の使い方の煩わしさ、不自然さ、意味のあいまいさ等々は▼雑誌

『新聞研究』81年十一月号で筑波大学・林四郎教授が、また▼81年五月二十日付本紙「私の紙面批評」欄で国連大学理事会・斎藤鎮男副議長が、指摘しておられる。

一、この編集局報掲載文について、東京・記事審査部次長・宮田浩人記者から「もっと突っ込んだ検討が必要だ」という趣旨の意見が私に寄せられた。

たとえば例③の国会答弁記事での（まるかっこ）多用について▽あまり容易に使っていると、将来、何かで事故をおこす恐れがある。発言当事者が「あの記事は自分の発言通りではない。国会速記録を見てくれ」と訂正を求めてくる、といった事態だ。▽このような事故の可能性を考えれば、例③で（まるかっこ）外しを勧めているのは、まずい。読みやすく、わかりやすくするための（まるかっこ）外しが、傷を拡大してしまうことになる。▽この場合の解決方法として、（まるかっこ）の中身を「……」の外に出してみたらどうか。たとえば――

いまの憲法改正の動きについて「私は慎重のうえにも慎重に取り組むべきものであると考えている。私は加担しない」と首相は答えた。

というような文章構成が想定される。

一、同じ82年新人研修で私は、（まるかっこ）の使い方に関連して〝ちょんちょんかっこ〟の使い方にも疑問があることを述べた。次のような理由から、一切〝ちょんちょんかっこ〟を使わないで記事を書くことを勧めた。

①〝ちょんちょんかっこ〟多用は字面をきたなくする。へたをすると濁点と間違えられたりする。

②しゃれた表現のつもり、気取ったつもり、で使われることが多いが、あまり多用されすぎている

ために気取りも強調もすでに表現上の効果を失っている。

③時に冷やかし半分の比ゆ、誇張、断定、等々の場合に、その言葉を〝ちょんちょんかっこ〟でかこむ使い方もある。この場合、筆者はむき出しで使えば相手側がいやがる言葉でも、かっこでぼかせばなんとなく許されるだろうと期待する。一種の『かくれみの』だが、しかしこれで世間が記者側の一方的な意図をそのまま受け取って許してくれるとは限らない。

一、研修で私は事例を一つあげた。81年三月十二日付本紙の記事で、次のような〝ちょんちょんかっこ〟が使われていた。

作家の沢野久雄さんが週刊誌のPRコラムで、禁煙標語に入選した十歳の少女を、〝侮辱〟した事件で……

これに対する沢野さん自身の抗議の言葉が同年三月二十三日付本紙「わたしの言い分」欄で紹介されている。

「新聞にも言いたいのです。新聞はこのことを大きく取り上げ、私が少女を〝侮辱〟した、と書いています。記者が本当に侮辱したと思うなら、なぜ〝……〟がいるのです。そう断定するだけの自信がないのなら、もっと客観的な言葉、例えば批判とか非難とかいう言葉を、なぜ使わないのでしょう」

「一般読者には〝……〟が目に入らないのです。私のところにきた投書の中にも〝……〟が省かれた文句で私を攻撃しているのがありました。心臓財団と新聞は、世間の人々に『沢野はいやなヤツだ』という印象を与えました。〝……〟は新聞にとっての免罪符であり、安全地帯なのですか」

一、この〝ちょんちょんかっこ〟が記事に登場したのは、さきに指摘したような種類の（まるかっこ）の流行よりもはるかに古い。71年一月二日付の朝日新聞社内報『朝日経営ニュース』の随想欄で、私は〝ちょんちょんかっこ〟の使われ方に対する疑問点をあげ「できるだけ〝ちょんちょんかっこ〟を使わないように」と提案したことがあった。

一、作家の丸谷才一氏が『文章読本』（77年刊）のなかで〝ちょんちょんかっこ〟について「一般に現代日本の文章には、殊に新聞や週刊誌で見かけるものには、この種のカッコが多すぎる。あれは主として責任回避のために使われるようで、つまり逆に言うとチョンチョンカッコのせいで言葉の選び方はいい加減になりがちなのである」と指摘しておられる。

一、丸谷氏はまた雑誌『諸君』78年五月号の学習院大・大野晋教授との対談「チョンチョン括弧の研究」で、大野教授とともに、新聞や週刊誌で多用されている〝ちょんちょんかっこ〟使用事例の分類となぜ多用されるかの考察を進め「問題はチョンチョン括弧をいきなり廃止すればそれですむんじゃなくて、大事なのはこれを必要としないような種類の文章を書くことです」と語っておられる。

（『朝日ブックレット2　記事の内側1』一九八三年）

# 取材の原点にかえれ——10年記者研修講義から

## 文章論

四月の新人研修の時に話した内容をそのまま十年選手の皆さんにも話してほしい、という注文でした。まず、その骨子をかいつまんで語り、あとで少し付け加えます。

### 書き始めて知る取材の穴

新人研修では、これから支局に行って初めて新聞記事を書くという人々にとって必要だと思われる基本的な心構えを話しました。大体次のようなことでした。

最初に話したのは、われわれの仕事を取材と文章表現とに大別できるとして、われわれの仕事の勝負は取材にあるんだ、ということです。よい取材なしによい仕事ができるわけがない。説得力のある記事とか、人の心を打つような文章とかいうものは、必ず、材料がすばらしいものである結果そうなるのであって、その逆ではない。つまり、文章だけでは人の心を打つことはできない。「文章論」といいましても、私、系統立てて考えたことはないんですが、勝負は取材にある。これを文章を考える時の大きな前提にしたい。

ところが私たち、仕事していていつも経験するのは、原稿を書き始める段階になってから取材に穴があったことに気がつく。あるいはその事柄についてよく考えていなかった。わかったつもりで人の話をきいていた。肝心かなめのところを見ていない。そういう事実に、原稿にとりかかってから気がつく。これがしばしばあります。そういう意味からすると、取材と文章表現とは、じつは区別できないものであるのかも知れません。例えば人間というのは、筆をとって文章を書き始める時、そのとき初めて自分の頭で本当にものを考え出すのではないか。書いてみて、自分の頭で考えないと、取材が十分だったかどうか、一体何が肝心かなめだったのかが、よくわからない。こういうことが、どうもあるような気がする。ですから、先ほどの前提と逆のようですけれども、われわれの腕の中にたくましい筆力をふだんから養っておかないと、実りのある取材ができない、ということなのかも知れない。文章を作る作業は、取材と並んで記事を制作する過程でたいへん重要な一部である。案外われわれは文章の重要さを軽く考えがちではないかと、私自身よく思います。勝負は取材にある。これが大前提であるけれども、取材の方法とか取材の技術を修練したり、工夫したり、苦労したりするのと同じように、文章術にも修練、工夫、苦労を要するということになると思います。

これから文章修練を始める新人たちに、次に、当面必要なこととして三つの点をあげた。これは皆さん方にはくだくだしく語る必要はないことですが、第一は記事をつくるために最小限必要なもの、形とか型、事実―ファクトが大事であるとか、わかりやすく短く構成するといったこと。二番目は、われわれの仕事の特性の一つですけれども、筆の速さが求められる。筆の速さというのは、ただ文字を書く物理的なスピードではなくて、取材から出稿までの仕事の早さ、行動、観察、判断力の俊敏さ、それらが大切であること。三番目は正しい文章を書くことを心掛けるべきであること。この第三点は、皆さん方にもお考えいただきたいことなので省略しないで語ります。

### 真水のような文章

一体どういう文章が正しいのか。定義はちょっと面倒になりますけれども、私自身、いつも記事を書く時に正しい文章を書こうと心掛けてまいりました。つねづね自分自身に課している修練課題であり、追求課題であります。私が考えている正しい文章の幾つかの要件をあげてみます。第一は、やはり日本語として文法的に正しい文章であること。句読点、用語、言葉遣いにいたるまで、日本語の文章としてあいまいさを残さないということ。われわれが取材してきて、内容を正確にわかりやすく伝えるためには、こういう意味でまず文章が正しくなければいけない。まことに当然のことですけれども、書いてみると必ずしもこれがやさしいことではありません。ずいぶんあやしい文章が多いと思います。言い方を換えますと、どこに引用されても大丈夫な文章。例えば、ひょっとすると教科書に引用されるかも知れない。法廷で引用されるかも知れない。さらに言い方を換えますと、これはいろいろ議論があるかと思いますが、外国語に翻訳されても大丈夫な文章。翻訳に堪える文章。これらが、私のいう正しい文章の要件の一つです。

読者というのは大変怖いものです。子供もいれば文豪、碩学《せきがく》もいます。事件の対象になっている当事者がもちろん読むでしょう。その人たちに読まれて、だれに対しても意味が正確に伝わるように。あやふやな文章では、伝えようとしている素材の信頼性まで疑われることになります。

私が心がけている正しい文章の要件の第二は、われわれが犯しがちな、新聞記者だけの、勝手で一方的な慣用をつとめて避けることです。その一例として四月の新人研修では、研修初日の日付けの朝刊を教材に使い、カッコの使い方を考えてみた。（　）や〃　〃がどう使われているか。実例を拾い出す作業をその場でしてみました。その結果は、編集局報に要約を書いておきました。新聞文章だけの慣用がいろいろあるが、（　）の使い方がどうもこのごろおかしい、ということを指摘したんですが、局報が出ましたら社内の何人かから笑われた。なんであんな細かなことにこだわるのか、と。

しかし、私の考えるところでは、必ずしもこまかな技法上の疑問だけではない。やはりああいう（　）の安易な使い方を許してはならない。われわれの仕事にとってかなり大事なことが含まれていると思う。（　）に限らず、新聞だけの勝手な慣用というのは、いろいろ問題を含んでいると私は思います。

正しい文章の第三の要件に移ります。私が目指しているのは、無味無臭、真水のような文章です。クセとかフシとか調子のない文章。読む人が抵抗なしに読めて、事柄それ自体が伝えられていると感じられ、信頼感をもって安心して読んでいけるような文章。真水といいましても、筆者の肉声とか人柄は自ら出てしまいます。われわれが大急ぎで書く雑報の場合でも、筆者の肉声が出る。文は人なり、という通りです。

## 文章の遊びの勧め

新人研修で語ったもう一つのこと。それは、以上のような意味での文章表現の修練はわれわれジャーナリストとして生涯の課題であるわけだけれども、それでは新人の皆さん方にとって、長期的にみて、どういう自己修練の方法がありうるか。私は幾つかのヒントを出してみました。その一つは、自分の文章の先生を探すことです。これは当然どなたもしていると思いますが、好きな作家、詩人、批評家たちによる文章のよさを探しだす。古典でも同時代人でもいい。ほれて読む。その文章に酔っ払う。ショックを受ける。まねるというか、盗む対象になる場合もあるでしょうし、いろんな意味での言語表現の極致を知ること。それを常に身辺においておくこと。そういう意味での先生を求めたらどうか。

あるいは自分の知人とか、取材先で知り合った人のうち、モノを書いている方々に先生になってもらったらどうか。先生といっても別に文章の添削をしてもらうという意味ではない。自分の記事の批評家になってもらう。あるいはファンになってもらう。応援団になってもらう。これも自己修練に必要な刺激を求める一つの方法ではないかと思います。

それから、私よく思うのですが、同僚や先輩の書いた記事ですぐれたものが当然たくさんある。研究的に精読すべきだとは思いますけれども、自分の同業者を先生にしない方がいいんじゃないか。いかに優れた同僚、先輩であっても、これから自分が乗り越えなくてはならない標的としてみるべきであって、先生とは思わない方がいい。

文章の自己修練をするための第二のヒントは、自分で新聞記事以外の文章を書くこと。その習慣をつけたらどうか。これはまったくの遊びでいい。むしろ思い切って新聞文章の約束ごとから遠く離れたところで遊ぶつもりで書くのです。日記のかたちでもいい。シナリオとか広告のコピーのようなものでもいい。あるいは小説でも歌詞でも俳句でもいい。私は、作家になれとか、社外出版物への寄稿をすすめているわけではありません。なぜこういうことを思うのかといいますと、それが新聞文章の活力を養うのによい方法だと思うからです。つまり、そういう記事の約束から離れた文章の遊びをすることが、実は取材力とか、人間観察眼を養うことになるのではないか。これは私の、貧しいけれども長いあいだの経験が教えたことの一つです。

## 読者が求める情報の精度

大体四月の研修で語ったのは以上のようなことでした。しかし、あなた方は十年という経験をもっておられる。まさに最前線の働き手であるわけです。文章について考えていただきたいことを二つ付け加えたいと思います。

一つは、私がこのごろずっと考え続けていることなのですが、今日われわれは、新聞に対する読者世間の信頼が揺らいでいる時代に生きているということです。先ほど自己紹介の席で政治部のどなたでしたか、「官僚とか政治家から話をきいて書いていると、国民一般の意識からズレてしまうんじゃないか」という不安をもらしておられた。もう一人どなたでしたか「入社前に商社にいて、大阪の町を歩いた時の半年間と、その後記者をやってきた十年間とを比べてみて、商社マンとして半年を過ごした時の方が、たしかな手ごたえがあった」というふうなことをいわれた。お二人の言葉を、私は興味深くききました。きょういおうと思ったことと関連すると思うからです。つまり私に感じられるのは、どうもわれわれが記者として新聞で描いている世界の姿、あるいは世間像と、世間で実際に生活している実生活者が感じたり考えたりしている世界像との間にすき間があるんじゃないか。逆にいいますと、世間がわれわれ新聞に求めているものに、われわれが十分こたえていないのではないか。あるいは、読者世間がわれわれに何を求めているか。われわれに対する要求の中身がどう変化しつつあるのか。その辺のところを十分に知ろうとする努力がわれわれの側に足りない。こう思うのです。

実はきょう、私はこう感じているが、皆さん方どうだろうかとお尋ねしようと思っていた。ところがお二人の話があった。ああ君たちもそうなのかと思ったわけです。

では、なぜこうなったんだろうか。恐らくたくさんの理由があるだろうと私は考える。新聞記事の信頼が揺らいでいる状況、これは読者調査等で出るようなものとは、ちょっと私の実感は違う。われわれとして十分な検討を要する問題だと思います。私の考えるところを一つ言いますと、仮に二十年前と比較して今日は情報環境が大きく違っている。情報伝達機関が非常に多様化している。私のかけ出しのころは新聞と、ラジオの一局しかない時代だった。今は非常にたくさんメディアがふえている。ここで考えられることは、新聞というメディアに世間が求めるものが、以前に比べて違ってきた。例えば情報の精度、正確さ。これに対する要求水準が非常に高くなっているのではないか。それが満たされなくて、新聞不信という形でいろいろ出てきている。

私の感じでは、今から二十年ほど前は、新聞に対する読者の信頼は高かった。いい意味の権威といいますか、世間に対する説得力をもっていた。信頼をもって世間と新聞が結ばれていた。そういう時代があって次第にそれが崩れてきたという感じ方ができる。しかしながら、実はそうではなくて、二十年前に比べて今の新聞が提供している情報の質とか精度、正確さは明らかに上がっていると思います。にもかかわらず、それ以上に読者の側の要求水準が高くなった。あるいは要求が多様化した。こうみるのが正しいかも知れません。

## 新聞文章の品質を変える

それでは、新聞の信頼をどうやって維持したらいいか。あるいは実際に揺らいでいるとすれば、どう信頼を回復したらいいかということです。これまたたいへん大きな問題で、分析的にいろいろ考えなくてはいけないことですが、私の与えられたテーマである文章については、どうしたらよい方法がみつかるか。やはり読者の期待する正確さ、精度によりよくこたえるための工夫を一人ひとりがすることしかない。そういう意味での今の世間にとって魅力のある新聞文章を目指す。今の世間にとってまったく陳腐化し定形化した文章を捨てていくこと。抽象的ですが、そういう記者一人ひとりの日常の努力が必要です。と同時に、どうなんでしょうか。編集局全体がもっと組織的に新聞文章なり情報の質に関する品質管理を日常的に少しずつでも丹念にやっていく工夫がたいへん必要な時期にさしかかっていると私は考えます。

われわれがいま、もっとも懸念していることの一つは、世論、あるいは国民意識の保守化傾向が進んでおりまして、そういう基盤の上に一連の右傾化現象が出てきている。いろんなメディアによる、いわゆる朝日攻撃が激しくなってきた。われわれにとって、これは危機だという認識が当然出てくる。私は、そのこと自体についても、果たして実態はどうか、詳しい正確な検討を重ねてみる必要があると思いますが、われわれがいま試練の時期にあることは疑いのないことです。今日の、いわゆる一連の右傾化現象をとりあげて、ただ大声で、けしからんといっているだけでは、事態の進行を変えることはできないでしょう。やはり、われわれがふだん書いております記事一本一本の信頼性の向上、品質の確保ということが基本的に大事だと思う。こういう時期だからこそ、ますますそうだと私は思います。

話が抽象的で申し訳ないんですが、記事のどういうところに問題があるのか。新聞文章について私がよく品質を問いたい、チェックしたいと考えることをいくつかあげてみます。まず、人物なり、出来事、現象、事柄に対して安易にレッテルをはることをチェックしたい。それから、すべて世の中の姿を一枚の鏡に映して見がちであること。もっと何枚かの鏡で多面的に映し出す努力をしないと、世の中の姿は見えて来ないんじゃないですか。それからまた、どうもわれわれ、物事をわかったような顔して書きすぎているんじゃないか。先ほどのレッテルばりもそうですが、予断が多い。決めつけをしすぎる。私だけの感じ方でしょうか。何かさっと割り切った、気持ちよさそうに断定的に書かれている記事というのは、そのことだけでなんとなく疑わしいという感じがこのごろしてならない。

私は今しがた右傾化という言葉を使いました。明らかに右傾化とみられる現象があり、そこにいたる由来と経緯もあり、先行き大変なことになるかという恐れを私も持ちますけれども、例えばこの「右傾化」という言葉を記事にどう使うか。ただ右傾化という言葉を持ち出しさえすれば、それで何か事柄を説明できた、と筆者は思っているのだろうか。あいまいで、思わせぶり、というのが、私のみるところ、じつに新聞に多い。あるいは雰囲気で書いてしまうということ。また、これを避けるにはどういう書き方をしたらいいか、という風なこと。どうしてもチェックが必要だし、工夫すればできると思うのです。

## のびのびと冒険を

あなた方に、文章について考えていただきたい二つ目のこと。これは今まで私が語ったことと関連いたしますが、あなた方は今、ご自分の書いているもの、あるいはわれわれの新聞に載っている同僚とか先輩、後輩の原稿でもいい。今の新聞文章のありように満足しておられるかどうかをお尋ねしたいのです。繰り返しになりますが、自分が伝えたいと思うことを、今あなた方が書いておられる新聞文章で十分に意図通り伝え得ていると思うかどうか。それとも、どうも少し違う。今の文章の型とか枠、あるいはこれがお手本だというような文章の評価の基準にてらして、一体あなた方は日ごろ、ご自分が押さえ込まれていると感じないか。いくら記事を書いても、これで必要な情報を世間に提供できたという充足感を感じているかどうか。忙しく仕事に追われている皆さんが、その都度こういうことを考えたりする暇はないかも知れませんが、どうでしょうか。ふと、そういう風なことを考えた経験はないかどうかをお尋ねしたいのです。

私の周辺、たとえばあとでここで語る百々さんなり、同世代の記者仲間でよくこういう話が出る。あなた方戦後生まれは、私たちとはまったく違った環境で育った。われわれにない独特の感じ方、ものの見方、考え方をもっているはずである。もしそうであるならば、果たしてそういうものが今の新聞に出てきているかどうか。こういう話をよくするのです。といいますのは、私が記者として生きてきた三十年間、いろんな分野でわれわれ世代のド肝をぬくような試みがたくさん出てきた。音楽がそうです。造形、演劇、ファッション。あなた方の少し先輩である全共闘世代による学園紛争のころの、一種ヒッピーズのような運動。あるいはいろいろな形の反体制運動。表現の分野だけではなくて、ライフスタイルでも驚くような生き方をあなた方世代はわれわれに突きつけてびっくりさせた。そのようなものが、新聞の世界でも出てきただろうか。新聞文章でもいい。取材上の新しい視点。問題の掘りさげ方、等々です。

われわれ世代の間で二つの説があります。一つはあなた方には何か、そういうものがあるに違いない。天才がいるか、奇才がいるか。文章についても恐らく今の新聞文章に強い不満をもっている。先輩のだれそれさん、いわゆる名文記者に対して、殺意さえ抱いているという程の不満ですね。そういう人がきっといる。なぜそれがまだ紙面に現れてこないのだろうか。一つはデスクとか部長とかの石頭が、あなた方の中にあるものを抑えつけているんだ、と見る人がおります。もう一つ、文章表現で革命を起こすのは、音楽や造形、ファッションというような分野に比べて、たいへん難しい。同じマスコミの世界でもテレビ、広告の場合には伝達手段の技術革新があった。若い戦後世代に広い可能性が開けている。ところが文章については伝達手段の技術革新がなかった。そのことを含めて修練の期間が長い。小説の世界でも、あなた方の世代は不毛の世代だとかいわれているくらいです。だから今後五年、十年もたてば、あなた方の中から天才が現れる。世代全体が力をつけて革命を起こすかも知れない。後になって考えてみると、文章表現を含めて新聞がすっかり変わった、といわれるようになるかも知れない。そういう期待が一方にある。

反対に、まったく否定的な見方をする仲間もおります。あなた方世代に対する期待のしすぎだ、幻想だ、というのです。第一、もしそんな表現の革命家がいるとすれば新聞社に入ってこないだろう。試験を受けても落ちてしまうだろうという、ちょっと破壊的な意見です。

私自身は、こう思います。前にいいました通り、今は新聞文章の品質を変えていかなくてはならない大事な時期に差しかかっている。その担い手としてあなた方はある。ぜひ自由に、のびのびと冒険をしていただきたい。

私がきょうお話ししようと予定したことは以上のようなことです。

## （　）と取材の姿勢

**受講者**　（　）について。やはり思考を中断されるのは文章の上で非常に不愉快なので、（　）の乱用を避けるのは私もまったく同感です。それと一部、この間の疋田さんの編集局報の記事に異論があります。二つの（　）があって、前者は仕方がない、やむを得ないとお書きだったと思うのですが、私は前者の（　）もすべて追放しようと思えばできるんじゃないかと感じている。新聞でどうしても（　）を避けられないとしたら、例えば何々団体という名前があって（　）に団体の代表だれだれという程度じゃないかと考えます。

**疋田**　（　）のことで、先日、東京の次長会で私の提示した疑問について一時間ほど議論する機会がありました。私の出した疑問が適切かどうか。実際に原稿を見ているデスクの皆さんの意見を聞かせていただいた。すると、わかってはいるけれども、そう簡単に外せない場合があるという。次長さんたちと話しているその日の夕刊で早速いくつか実例が出た。一つは外報、一つは政治部の出稿でしたが、私はこの（　）は使いたくない、要らないんじゃないかといったのに対して、かなり議論のやりとりがありました。

先ほどちょっと思わせぶりなことをいいましたが、なぜこういう（　）の使い方に私がこだわるのか。一つは、例えば鈴木総理の記者会見をテレビできいていますと、いわば素人である私には何をいっているのかわからない。あれだけ大勢鍛えられた政治部記者がおって、なぜもっと明晰《めいせき》な答弁を求めないのだろうか。記者の方も、あいまいな答え方を黙ってきいていて、あとで原稿に書く時に（　）をつける。その他、その次長会でも出た話ですが、政界人や財界人から話をきき出すとき、いわばアウンの呼吸でしか材料がとれない場合がある。それを記事にする時に初めて日本語らしいものに仕上げる。そこでこの（　）が入ってくるということがある。もちろんアウンの呼吸も必要でしょう。日本的なコミュニケーションを否定するわけにいかない。しかし、われわれがインタビューする時、はっきり日本語でものを問うて日本語で答えてもらう。日本語になってない、主語のない場合にはその主語をはっきり相手にいってもらう習慣、作法。そういうことを日常もっと心がけたらどうか。そういうインタビューをしていくことによって、少し大げさだが、究極のところでは日本の政治のかたちを変える。政治をわかりやすくすることもできるんじゃないか。こういうふうに私は思うのです。その次長会では、かなり反撃されました。しかし、例えば、司会をした記事審査部の宮田次長があげたのはイタリアの女性ジャーナリストでファラチという人のインタビューです。翻訳したものしか読んでませんが、彼女のものの訊き方、相手に対する食いつき方、ああいうスタイルのインタビューだと、およそわれわれがいま問題にしている（ ）なんか使う余地のないくらいの問答をしている。ああいうインタビューをお前できるか、といわれると困りますが、ふだんの取材の時からそういう工夫をすることです。言葉は悪いけれども、逆にわれわれが取材対象を教育するというか、取材しながら政治の姿を変えていけないか、と私は考えてみることがある。（ ）の問題を突きつめていけばそういうことになると思います。

## 一体なにがニュースなのか

**受講者**　新聞の信頼性と正確な文章という点についてお尋ねしたい。疋田さんが前に発表された事件報道のレポートにも関連します。われわれの宿命として、速報性、他社との争いは避けて通れない。事実上「……であるかも知れない」あるいは「こういうことも考えられる」としかいえない段階でも、クロかシロか、はっきりした性格づけを求められるケースが多い。整理部の立場からしても「これ一体どうなってるんだ、はっきりさせてくれ」なんていう要求が出たりして、おのずと一定のイメージがつくり上げられていく。新聞社が先天的に持っている体質かとも私は思う。その後、いろいろ事件が進展していくにつれて、読者としてみればおかしいじゃないか。こういうことが時にある。新聞不信の一因はそこにあるかと思う。

読者の信頼を維持しようとするためには、わかっていることだけを書く。それが一番だと思いはするが、果たしてそれで通るだろうか。よりたくさん書いた方が、より他社をリードしたとして賞められる。ちょっとやりすぎても、それは向こう傷だといって許される。こういった傾向があるんじゃないか、と思う。肉が煮えるまで待って食うのか。生煮えのまま食っちゃうか。その辺のところを社の方針としてトップが示していただけるといい。毎日競争にさらされていると、日々迷いつつやっているのが現状じゃないかと思うんです。

疋田　あなたが例にあげた事件報道についての私の文章ですが、やはり事件記者諸君からものすごい反発がありました。いまあなたのいわれたのと同じ趣旨で「これじゃ他社との競争はできない」と。しかし、必ずしも私はそうは思わない。なぜそう簡単に話を決めてかかるのか。

私は交通事故にしても、火事にしても、殺しにしても、読者の情報確度についての要求が、ずいぶん、われわれが想像するより高くなっていると思う。厳しいというか、さめているというか。その人たちに対して、どうこたえるか。いろいろと工夫の仕方はあると思う。すべて、わかってしまったことしか書けないとは、私、いっていない。最高裁に行って結審がついてもまだわからない事件があるわけだし。しかし、今の読者にもう少し本当らしく読んでもらえる記事の書き方の工夫というのはあると思う。

もう一つ、いったい何がニュースなのかということを、あなた方世代がもっと疑ってみたらどうか。どうして人が人を殺せばニュースなのか。事件とは何か。そういうことをいっていると、おそらく事件担当者はつとまらないかも知れませんが、いちど取材をしながら考えてごらんになったらどうか。

社のトップがある方針を出して「これから生煮えの肉は食わないんだ」というのは、ぼくは無理だと思う。むしろあなた方の方から、トップが何を思おうがかまわずに、デスクの目を盗んでもいい。いろいろ爆薬を仕掛けた変わった記事の作り方を試してみるということは出来ませんか?

## 同世代に伝える文章

受講者　正しい文章論の最後のところで「無味乾燥な文章」というのがございました。これは原則論なんでしょうけど、われわれの世代の文章論ともからむ話です。面によってはヤングの面とか、対象をしぼった面があります。コラムについても、ある程度対象をしぼったコラムもあると思います。そのさい、われわれの同世代に伝えようという文章はクセがある。それでもやはりクセのある文章はさけるべきかどうか。疋田さんの話を理解するところでは、その程度はかまわないんじゃないかと受け取ったんですが。

疋田　「無味乾燥」とはいわなかったんですが。

受講者　「無味無臭」ですね。(大笑)

疋田　正確に言って下さい。(笑い)大変おもしろいと思うんです。同世代の人にどういう言葉を使えばメッセージがパッと伝わるかというのは。ちょっと例を上げてみて下さい。

受講者　すぐには言葉が浮かばないんですが、たとえば全共闘時代のキャッチフレーズみたいな言葉をパロディー化して使うときに、共通体験をふまえて肉感的にわかるような言葉というのはあるんじゃないか。

疋田　全共闘のタテ看なんか、おもしろい言葉がいろいろありましたね。ぼくはあまり読まないんだけども、私の息子の世代が読んでいるもので、ぼくらからみて実におかしな文体で書いているのがある。そういうものも、記事で紹介しなくてはいけない対象ではあると思う。しかし、たとえばそれをわれわれの新聞の記事の地の文でひとつのスタイルにしようというわけですか。

受講者　要するに、対象をしぼった読者というんですかね。地の文で長文にわたると読みずらいとぼく自身も思うんですけども、たとえば中で数行使ってこなしてみるとか。そういうことはどうですか。

疋田　それはおもしろい。そういうふうに使ったのを読ましてほしいと思いますが、やったことありますか。

受講者　（笑い）さあ、どうですかね。やったつもりではあることはあるんですけどね。ただ、それがどこまで自分の真意を伝えたかは自信のないところもありますけど。

疋田　どういう種類の記事ですか。

受講者　コラムです。社会面の一般向けの雑報の中でそういうのを使えるかどうかとなると、ぼくも疑問に思うけど、ヤングの面とか、対象をしぼった記事では使えるんじゃないかという気がする。

いろんな試みしていい

疋田　ぼくがいった無味無臭で、真水のような、ということで新聞全体が一色になってほしいと願っているわけではありません。個人の好みでチェックしようとは思ってないし、できるわけもない。いろいろな試みをしていいと思うんです。

話は全然変わりますが、私と同世代の藤田真一さんという記者が盲人に関する四面の連載を書き、それを本にした。これはぜひいちど読んでみてほしい。あれでぼくが非常におもしろいと思ったことがある。彼のあの本は、朝日の出版局の方の意向もあって、全文書き直した。あとがきにも書いてあったし、本人にも聞いてみたんですが、「盲人に読んで聞かせることのできるように」ということで書いたそうです。ですから、彼が連載で新聞に書いたのとはずいぶん違っている。読んでみると、ただやさしい言い回しに直したというのではない。大変、叙述に神経が行き届いている。一つはそれを朗読して読んで聞かせるという目的で書いていったらそういう文体になった。私は藤田さんにいった。「いちどこのスタイルで雑報を書いてみませんか」と。朗読向きにすると文章が冗長になるかというと、必ずしもそうでない。いままでのスタイルなら百行で書けたものを、藤田スタイルでいくと百三十行になるかも知れない。だったらその三十行分、材料の一部を落としてもいい。このスタイルで雑報を試してみたらどうですか、と。なんだったら、ぼくが逆に彼の今度の本のスタイルを盗んで雑報を書くときに試してみたいな、と思った。それが、いまあなたのいったことと関連すると思う。試みとして大いにやってごらんなさい。できればコラムじゃなくて、火事の原稿かなんかでそういうのが入ってもいい。しかも年寄りが読んでもわかる。年寄りといいましたが、今は必ずしも保守的な文体しかわからないわけではないと思う。私の知っているお年寄りの一人は親戚仲間で「芸能部長」と呼ばれている。お年寄りは実によくテレビとつき合っています。今ふうの言葉の感覚なんか、年寄りが保守的だとは必ずしもいえない。

もう一つ、ぼくにはどうもわからないことがある。新聞で若者向けのページを作って、彼らの気に入りそうな体裁の紙面をつくっているが、ちっとも若者は喜ばない、と聞いた。あれをどう思いますか。

受講者　しょっちゅう読んでるわけでないんですが、ぼくが西部へ行って時々見る若者面は、他社と比べて若者の書いてる文章の紹介とか、そういう面が多いんですね。毎日なんか見てますと、若者的な言葉を使った地の文がずいぶんある。それが本当に若者向けになるのかどうかわからないが、少なくともぼくの目でみると、いまの若い人たちはこういう言葉づかいするのか、こういう文章の使い方するのか、といった興味がわく。なんとなしにおもしろい気がする。若者に正しい文章で語りかけることの意義もあるんでしょうけども、いまの若い人たちの文章は、ＡＢＣを使ったり、数字を使ったりする。それが週刊誌に紹介されてました。それほどおもしろいとは思えないにしても、少なくともそういう文体がいま流行しているならば、若者ページでそれを積極的に地の文の中でも取り上げてみていいんじゃないか。

疋田　私は正しい文章をとすすめた。私が思うのは、もし今の新聞文章が若者にチャーミングではないとすれば、それは必ずしもスタイルだけのせいではなくて、われわれの文章力が足りないからではないか。私は、ああいう符号を使った文章、それも試みとしては面白いと思う。しかし私、年齢のせいばかりではなくて、文章については大変保守的です。私のいったような意味での正しい文章でも、若者たちが十分よろこんで読むだろうものを、必ずつくれると思う。そのための努力をしないで、ただ彼らの文体のまねをしてみたって、彼ら面白がりも何もしないんじゃないか、と思います。もちろん、試みとしては大変面白い。いろいろやってみて下さい。で、あなたがそれを試したとき、デスクはなんていいましたか。何か読者の手ごたえがありましたか。

受講者　力を入れた原稿ほど、デスクからひどい評価をされることが多くて、いろいろ激論をたたかわしたすえ、結局は泣きついて、署名入りだから許してくださいって通してもらう。

疋田　それはどういうことですか。いまあなたのいわれた文章のスタイルの問題で、ですか。

受講者　文体の問題です。

## 若者読者の意外な一面

受講者　いま若者のページのことが話に出た。実は二年前の八〇年一月からあのページが出来まして、あのページがつくられるときに参画しました。去年の四月まで一年余り、あのページをやってたんで、立場上ひとことといわないと部の人に申し訳ないと思ってお話しします。どういうふうに読まれるかが難しいページだ、とつねづね思っています。最近の方針は、ぼくがやっていたときとちょっと違ってきているので、いまのことはあまりいえないんですが、四六時中考えていたのは、セグメントされたページでどうしたら読まれるページができるか。表現との関連で出てきた問題でいうと、あまり表現で釣ろうとしても、ほとんどダメじゃないかなという感じを、ぼくは持ってます。

最初に疋田さんがいわれたような読者と新聞づくりしているわれわれとの間のズレ。これと関連していると思うんですけども、音楽だとかファッション、演劇、映画、雑誌。こういう世界で新しいものが生まれているという感じはここ数年来、非常にする。そこからすると、どうも新聞というのはオジンが読むもの。中年以上が読むもの。若い世代は、ほかの方に情報の関心が移る。情報雑誌は「ぴあ」だとか、たくさん出ています。出版社でいいますと、岩波、筑摩、平凡社というところが軒並み本が売れなくなって苦しい。代わって台頭してきているのが集英社、小学館、平凡出版という雑誌を主体にした若者文化の担い手ですね。そういうサブカルチャーをどういうふうに取り込んでいくかというふうな問題になると思う。メーンカルチャーというと、先ほどいったような従来の知的伝統に乗った岩波、平凡社、筑摩といった出版社です。朝日の文化面もまだ、多少微調整はしていますが、そういうメーンの路線に乗ってると思うんです。

要するに、どうそこを取り込んでいくかということです。サブカルチャーの世界を若者ページに全面的に引き写してやったらいいかというと、それもどうもあんまりうまくいかない。浮いてしまった感じになって、むしろアレルギーが強い。読み手もそうじゃないかと思うんです。ぼくがやった実感でいうと、むしろ、シリアスな問題を同世代に語りかけるという形でやった方が、手ごたえがあるという感じはしているわけです。表現なんかも、オーソドックスな表現でいいんじゃないかと思う。八〇年に始めた直後に、日向方斉関経連会長が例の「徴兵制が必要だ」という発言をした。それをめぐる投書が最初にあった。非常に危機感を持ったということでした。それで特集を二回ぐらいやったら、これがかなり盛り上がりがあった。ちょうどスタートしたときだったので、いまはやりの「夢の遊眠社」なんかを取り上げてみたり、いろいろしてたんですが、むしろ手ごたえがあったのは徴兵制問題でした。

また、その後、ダブル選挙で圧倒的に自民党が勝利したあと、憲法改正の論議が盛んに出てきた。憲法問題を考えるという形で、憲法関係の運動をやっている団体の学生に集まってもらって話し合った。そういうことをやった方が意外に手ごたえがあるという実感を私は持っています。
私はむしろ、サブカルチャーで充足されている情報を新聞が手出しをする必要があるのか、と感じているわけです。やってみてもあまりうまくいかないんじゃないかな、と。そういう努力はしないとまずい。常にそういう姿勢は持っていないとまずいとは思うんですが、そのことを新聞でやろうとしてもなかなかうまくいかない。筑紫哲也さんがどっかで書いたか、言われたかしたのを覚えてるんですが、新聞というのは主食だ。副食が、雑誌とか音楽とかサブカルチャーの領域に属するものだとすると、新聞というのはコメのめしだ。日々、基本的な情報を出していくんだ、と。ぼくも主食の中で新聞というものを考えていかないとむずかしいんじゃないかなというふうに思う。むしろ、正統的なものをもっと深める勉強。目先の関心をつなぎ止めるような方向に走るんではなくて。ぼくはいま映画をやっているんですが、映画ですと、いろいろなバックグラウンドというのが非常に必要になってくる。単に映画を見て、その感想を綴っていたのでは話にならない。もう少しいろいろな知的財産みたいなところと、そういう映画が生まれてくる世界の状況とか、広い見地から見ていかないとダメなんじゃないか。そのためには新聞記者本来の勉強と視野の広さをもっともっと養う。だから、そういう点では正統的な研さんを積むことの方が、ぼく自身、現在考えると、大事じゃないかな、と思うわけです。

うわべだけなでている

疋田　こちらからおたずねして恐縮ですが、きのうの夜、宿舎で飲みながら、あなたが聞かして下さったあの話をして下さいませんか。新聞は、うわべだけなでているのではないか、というお話を。

**受講者**　うわべだけなでている。これが記者生活の実感として、この十年間ずいぶんありました。きのうもちょっと、自己紹介の中でいったわけですが、新聞記者というのは、ぼくが前にいた商社と違って、ものを作っているわけじゃない。当事者じゃないわけですね。商社の場合だと、カネをもうけるというのが唯一最大の目的であって、カネをもうけることのために自分でいろんなツテを探し、自分で計画し、自分で走り回る。つまり手ざわりの感覚というのがあるわけです。ところが新聞記者の仕事は、手ざわりの感覚がだいぶなくなってきている。そういう感じがしてます。そこで、どうすればもう一度、手ざわりの感覚というのを取り戻すことができるのか。つまり、手ざわりの感覚、自分が足でもって、地面に足をつけて仕事をするということを取り戻さなけりゃいけないんで、そのために取材の方法というのを、いままでのやり方とは変えなければいけないと思う。いままでぼくがやってきたのは、県庁であれば知事に話を聞き、副知事に話を聞き、部長、課長あたりと話をして書いてきた。そういう形じゃなくて、たとえば県庁を取材する場合なら、最初の起案する段階のヒラのペーペーの役人あたりが何を考えてどういう形でスタートして、起案の文章をつくるのか。その辺のとこまで下がっていく。それから普通の物事を取材する場合でも、いままで普通に取材していた対象から外れたところですね。ぼくら、入社して先輩たちから教わったのは、大体、こういうところを取材して歩けば記事ができるんだということでした。しかし、今までぼくらがやってきた取材のルート、つまりルーチンでやっていた取材のルートだけでは現実に迫れないという気持ちがしてならない。きのう、飲みながら疋田さんと話をしたときもいったように、本来ならばネタにならないということで無視していた人々。その人たちに、話を聞いても、ごくわずかのことしか記事にできないかも知れない。しかし、そういう人にたくさん当たって、厚みを作っていくことしかやり方はないんじゃないか。

## 異常犯罪と報道の限界

受講者　警視庁で事件記者をしています。事件報道のあり方について疋田さんのお話がありましたが、精神異常者の大きな犯罪がいまいくつか起きてる。その場合、非常に疑問に思いながらやってることがあるんで、ぜひお考えを聞きたい。

犯罪の態様が明らかにおかしいという事件がある。具体的にいいますと、この間、中野で起きた五人刺殺事件。犯罪が異常である。「おかしい、おかしい」と書くことに疑問はないんですが、いずれ彼は精神鑑定を受けて、シロになるんじゃないか。その中で、その犯人の犯罪そのものではなくて、日常の生活環境、生活歴、そういうものにまで取材の目を向けて、こんなにおかしかったんだ、というのを書いていくわけです。結果として、彼が病気だった。病気がなした犯罪だったとなると、生活や環境の異常性を書いてきたことが果たしていいのかどうか。つまり、犯罪そのものが、刑事責任を問えない。心神喪失であるということで、問えないわけであって、その人がおかしな言動をした。犯罪を犯す前に、こういうおかしなことがあった。こういうのがあった。それを書くことが、果たしていいのかどうか。その辺の疑問がある。つまりその本人は、書かれたことについて、抗弁はできないわけだ。また、精神衛生法でいう保護者、家族が「うちの息子がしたことは、病気がさせたのだ。刑事責任も問えないじゃないか。それについて、日常生活や異常ぶりを報道したことは人権問題である」と。そういうふうに、いずれ告訴されたり告発されたりする。そういう時代がくるんじゃないか。いまでこそ身内が犯した罪については、被害者に対する感情やら何かから、そういう告訴などはないと思うんですけども、いずれそういう問題も起きてくると思う。書くこと自体に疑問を抱きながらも、書かざるをえなくて書いている。そういう問題でのお考えをお聞かせ下さい。

**伊藤編集担当**　現状では、一定段階までは書かざるを得ないと思いますね。（後略）

## 抑えた書き方がある

**受講者**　深川で通り魔事件があったけれども、あれもやり方からすればおかしいと思ったんです。ところが実際に精神科医の精神鑑定受けたら心神耗弱。喪失までいかないんですね。そういうケースもあるわけです。ですから、新聞が犯行の手口、方法がおかしい、これは異常だと決められないわけです。医者の鑑定を待ってれば長くて三カ月もかかっちゃうわけです。ただその間におかしいと思ったとき、あまりつぶさに彼の異常ぶり、たとえば東大名誉教授を殺した孫は英語で悩みを書いていたとか、そのへんになると興味本位じゃないか――興味本位といったらおかしいのかな。こんなおかしなこともあったとか、精神異常であったということに上乗せして一翻《イーファン》も二翻《リャンファン》も上げて新聞が書かなくてもいいんじゃないかと思うわけです。ところがわれわれ事件を担当するものとしてそういう話が出てくれば、まして特ダネとなればやっぱり書いてしまう。疋田さんにさっきお話したのは「支店長はなぜ死んだか」にしても、その時点では非常におかしい。しかし、ほんとうにそこの原因は何であったのか探っていくのには、さらに時間をかけて、ようやくたどりつけることが多いんじゃないかと思うんです。そのへんの兼ね合いです。真実をたしかに求めなきゃならないでしょうけれども、速報性、読者の要求、デスクの要求、それにこたえていく。そのへんがぼくにはとても難しい。まだ十年の経験しかないから、わからないのだろうか。

疋田　いわずもがなのことかもしれませんけれども、いまいっている異常、異常という言葉もよくないのかな、名前のついている精神病の人たちのほうが普通の健常者よりもあの種の犯罪を犯すことはずっと少ないそうですね、統計的に。精神病者の犯罪について書くときに、あなたのいまいわれたような興味本位でさがせば、そういうふうな異常さは、いくらでも出てくる。そういう記事によって世間の大勢の精神病患者、あるいはその家族が大変強いショックを受けるわけです。実は私の身近にも病人がいる。私は、どっちかというと、あなたがいわれたように世間の偏見を誘うような興味本位の記事は読みたくないですね。あれは非常につらい記事です。

さっきぼくはちょっと変なことをいった。どうして人を人が殺したら事件になるんだ、と。そのことですけれども、世間の実生活者たちが、事件記事をどう読むだろうか。あなたがいまいわれたような、興味本位の、たとえば異常者の犯罪で異常さをことさら強調するような記事を、歓迎して読んでいるだろうか。私は取材で得たデータを全部書くにしても、抑えた書き方があると思う。問題がそういうことですから、そういう方向づけを記者が持ったうえで、データを整理して出す。そういう、つとめて冷静な書き方が望ましい、と私は思ってますけど。

## 制約の中から革命が

受講者　先ほど新聞記事の表現で革命的な表現がまだ出てないといわれた。しかし新聞の場合、制約が多くて、小説とかテレビとか映画とは違うんじゃないかと思っている。たとえば語彙《ごい》です。だれにでもわかる文章ということで、非常に難解な語彙を使っちゃいけないと、われわれはずっといわれてきました。スペースにしても、短編小説にさえ及ばない非常に短なスペースで書かないといけない。そういうことで、おのずから内容が限定されてくると思うんです。たとえば私自身でも、いったい十年間に表現力がどのくらい成長したかというと、むしろ学生時代のほうが人間の心のひだとか、そういうものを書く能力はいまよりもあったんじゃないか。そのほか、いろいろ客観性の問題だとか、制約が非常に多い。少なくとも簡潔さと平易さ、そういう制約の中でどれだけ豊かな内容を盛り込めるかということについて、疋田さんはどういうふうにいままで工夫されてこられたか。

疋田　ほんとに私もよくそう思う。三十年もサラリーマン・ジャーナリストをしたために、表現能力は枯れてしまった、と。自分でうまく書けた原稿があるとは思っていません。ヒントになるかどうか、わからないが、短い行数の中で、たとえば事件の雑報にしても、人間の心の動きを示すような材料をどう盛り込んだらいいか。たとえば学芸面に「日記から」というコラムがありますね。あの中でほんとに目を見はるような、これだけの行数でどうしてこういうことがいえたんだろうと、びっくりするようなものがある。革命って、案外そういうことかもしれないんですね。制約が多いから革命が起こるんです。さきほどの若者の文体にしても、何も制約のないところでやってることが革命といえるかどうか。

受講者　「日記から」は記事という形じゃないでしょう。

疋田　たしかにそうだ。しかし、あの中にわれわれが教えられるものがあるんじゃないか。ぼくがどういう工夫をしているのか、と聞かれたから、そういう短い文章を常々注意ぶかく読むようにしている、とお答えした。

受講者　先ほど藤田さんの本の話で、読んで聞かせる文体というお話があった。谷崎潤一郎の「文章読本」にも出ていました。昔の人は、たとえば中国の古典なんかも意味もわからずただ朗読していった。それによって文章のリズム感が養われたという記述があった。声に出して読んでいくことによって、実際によりよい文章感覚とかリズム感が身につくものかどうか。

疋田　藤田さんの本を読むと、必ずしも朗読向きの文章ではない。どこか、少し違うんです。あの本が朗読用に、たとえば演説草稿のようなものとして書かれたわけではない。ただ、彼が書いたものが、ぼくにとってたいへんチャーミングだった。聞いてみたら、読んで聞かせることを想定して書いたんだという。ああそうかと思ったわけです。まだ、よくわからないんです。いちど読んでみてくださいませんか。

（『一九八二年度10年記者研修記録』）

## 「ほめる」ということ——新聞労連大賞選考委員のコメント

労連大賞とは直接の関連がない個人的な話で申しわけないが、ついこの夏のことだ。私はA紙日曜版のとある記事を読んで、とてもいいと思った。記述が明晰で、一行一行、言葉と意味を拾っていくことに生理的な快感を覚えたほどだった。ものを読むということ本来の喜びと言っていいだろう。や風変わりな物語の運びといい筆の面白さといい、新聞社を退いてもう十年余りになるのに、こういう記事にであうと今もって私はすこし興奮する。記者現役のころにそうだったように、筆者にたいして時にひそかにやきもちをやいたりする。

署名入りの記事で、たまたま筆者のRとは昔いっしょにチームを組んで連載企画を担当したことがあり、その人の仕事を私はよく知っている。日曜日の朝がまだ早いのを気にしながら、私はRに電話をかけた。読んだばかりの記事のどこが良いか、なぜ良いと思ったか、私は感想をのべ、いい仕事をしましたねと、お祝いを言った。

Rは喜んで、こういう言い方で私に礼を言った。

「そう読んでもらえたのなら大変うれしい。安心しました。じつはこれ、何回も書き直した。繰り返し書き直しているうちに、何を書いているのか自分でも訳がわからなくなって、ずいぶん苦しんだ作業でしたから」と。

Rは才筆で知られている。書き手としての名声がひろまってから随分になる。その人が今でも記事を楽には書いていない。淀みも濁りもなく、楷書で、全体じつに分かりやすく書かれている物語のように読めるのだが、ところが筆者本人は書き直し書き直し、苦しい作業だった。訳がわからなくなって悶々としていたという。それがいま、良かったと言ってもらえて、ようやく安心できましたと、語っている。

Rと話したあと、私はしばらくのあいだ、記事を「ほめる」ということについて、あれこれと考えをめぐらせていた。

一つは「ほめる」ことの意味である。「ほめる」というのがおかしければ「批評する」ことと言い換えてもよい。

長いあいだ記事を書いてきた私の体験が教えるところでは、自分が書いた記事の善しあしというのは、およそ筆者本人には分からないものなのだ。記事を書く体験をいくら重ねても、それは変わることがなかった。

この記事がいったい人にどう読まれたか。主題、切り口、物語の構成、文章表現。それぞれにこめたつもりの仕掛けや試みが、意図したとおりに読む人に伝わったか。その成否を知りたい。なにか手ごたえはないか。私はいつも切実に欲した。

といって、いくら反応が欲しくても、こっちから「読んでくれたか」「どうでしたか」などとは誰に対しても聞けるものではない。黙って、聞こえてくるかもしれない物音に耳をすましているほかはなかった。

この、手ごたえということになると、これも経験が教えるところでは、身近な同僚記者やデスクが言ってくれる感想よりも、同じ編集局でも担当の異なる例えば写真部とか校閲部にいる友人の読後感のほうに、しばしば的をついていると思えるものがあった。また一般に、新聞社のなかの人よりは、遠くから聞こえてくる社外の市井の人の反応のほうに、おおむねより確かな手ごたえを感じさせてもらったものだった。

もしも日曜日の朝、私が伝えた感想がRを喜ばせ、安堵させたとすると、それはちょうど、苦しんで書いた記事の手ごたえが欲しくて、Rも耳をすませていたところだったからだろうか。Rにとって私の電話が幾らかでも励みになったわけだろうか。

そのとき私が考えていたもうひとつの問題は、相手が誰であるにしても、記事を「ほめる」ことの難しさであった。

昔から作家や評論家はあまり「ほめ歌」を書きたがらなかった、という説を私は読んだことがある。ひとをけなし自分をけなし、とかく「けなし歌」のほうに傑作が多かった。手ばなしの「ほめ歌」ほどいやらしいものはない、という感覚がしみついていて……というのだった。

たしかにそれがひとつある。いやらしくなく、もちろん卑しい「仲間ぼめ」などではなく、相手を「ほめる」のは容易なことではない。面と向かって記事をほめようとすると、これは相当な工夫と勇気がいる。とても気軽には言いだせない。誠心誠意、時にはもう汗みどろになって、心血を注いでというほどの構えで、しっかりほめなくてはならない。

私は考えるのだが、「ほめる」ことがそれほど難しく、また辛いことでもあるのは、おそらく記事を「ほめる」ことが、即ちそれによって自分の批評眼とか記事の読み力とかが相手の目の前で試されることになるからなのだろう。あるいは、「ほめる」ことは即ち自分の心をさらけだすことだ、と言えるかもしれない。

さて、これまで五回の労連大賞選考に私は参加してきた。この「選考」という作業も、記事を「ほめる」という作業のひとつの形だと私は思うのだが、果たして受賞作の書き手たちに喜んでもらえただろうか。幾らかでも励みになったのだろうか。

労連大賞の今後への期待という意味で、ひとつ、私が願っていることを付記させてもらう。

それは、もっと数多くの、そしてより多分野にわたる問題や事件を主題にすえた大賞候補作を推薦していただきたい、という願いである。大賞事務局にあがってくる応募作の数が極めて少ない、というのが選考委員にとっての年ごとの不満であり年ごとの不思議であった。あるいはやはり、世の中に大賞候補に推薦できるような優れた記事がそれほど少ないというわけではなくて、残念だが実際は推薦する人がいい記事を捜しだせないでいるだけではないか、と私には思える。

（『新聞労連大賞』＝新聞労連＝二〇〇一年一一月）

# 疋田さんの歩幅

ルポライター　鎌田　慧

この本のゲラ刷りで、わたしははじめて、疋田桂一郎さんの「ある事件記事の間違い」を読むことができた。疋田さんは、「朝日新聞」の名文記者として、あるいは、「天声人語」の筆者としてよく知られているが、それよりも、わたしには、上前淳一郎さんの『支店長はなぜ死んだか』のもとになった文章の筆者としての記憶が鮮明だった。

ある銀行の支店長が、重度障害児であるわが子を、「餓死させた」容疑で取調べを受け、有罪の判決を受ける。そのあと、自宅への帰り道で、電車に飛びこんで自殺した。その傷ましい事件を疋田さんは調べ直し、事件を報道した自社の記事を分析した、ということだけは知っていたが、文章は社内報に発表されたためもあって、わたしはこれまで読む機会に恵まれなかった。人権や平和に貢献した新聞記事を顕彰する、「新聞労連大賞」の選考委員会で、なんどか謦咳《けいがい》に接していたのだが、怠慢の誇りを免れないとはいえ、ついに今日にいたるまで、この名高い文章を読むことがなかったのだ。

やや長身の疋田さんは、選考会の会場に小振りのリュックサックを肩にして、飄然と姿をあらわし現役の記者時代、そのような感じで取材にまわっていた様子を彷彿とさせた。やさしい眼差し、風のような身のこなし方から、あの透明感のある文章が生まれたのだ、とわたしは納得させられていた。た。すべて控え目で、静かで、かつての大記者というよりは、隠遁した無欲な老師という風情だった。彼の文章の極意である、「無味無臭、真水のような」構え、それはさまざまな修羅場をくぐり抜けてきた練達の士の自然体でもあった。

「ある事件記事の間違い」もまた、その人となりのように、緻密にして沈着な文章だが、いつものようにも華やかさはなくいかにも重いのは、おなじ社の後輩の文章を槍玉にあげなければならない躊躇《ためら》いもあるが、けっして一記者の錯誤を衝いているだけではなく、自分が依拠してきた新聞記事そのもののあり方への糾弾となっているからである。

疋田さんは、この事件を報じた三本の関連記事と裁判の一件資料（供述調書や公判記録）とを対比させながら、新聞記事の間違いをあきらかにしていく。

この事件は、ことさら警察がでっちあげようとしたものではなく、警察官の「東大法学部卒、大銀行のエリート社員」にたいするコンプレックスと反感と軽い悪意（一九七五年当時、大卒警官はどれほどのものだったか）が、はじめから悲劇の父親を容疑者あつかいする予断を生み、衰弱死を「計画的な冷酷な犯行」に塗りたてていった。

「△△という人はこういうふうには言わないだろうと思われる言い方が調書のほうに出てくる。どうも、速記と聞き書きの差以上のものがある。これは何だろうか」

それが、自供調書を読んだ疋田さんの第一印象である。

「この間に見聞した事実の断片をかき集めて、頭の中でつじつまを合わせようとした。その結果を、警察の用語で作文していった。それが、この五・八調書なのではないだろうか」

その調書をもとにした、成城署次長の記者クラブでの発表は、「すっきりした、わかりやすい、細部を無視したストーリー」となる。ところが、「それが記者側の要求でもある」と疋田さんは書いている。次長は、調書にあった、「食べ物を与えたが受けつけなかった」という、「殺意の否認」の供述を、恣意的に無視した警察特有の解釈で事件を彩ってしまう。

この論攷《ろんこう》が、明快な文章であってなお重い口調なのは、疋田さんが、「警察発表と新聞記事」という根源的な関係に切り込まざるをえなかったからだが、その先にある記述は、「調書は書き直しがきく。記事のほうは、まず書き直すことはない。書きっ放しである」である。

警察発表による情報操作は、故意というよりは無意識の慣習で、記者にたいするサービス精神の発露であったりする。それによって、扱いが大きくなれば広報担当者の手柄になり、大きな記事は、書いた本人にとっての成果である。疋田さんは、「依存関係」とはさすがに書かれていないが、「なれあい」と表現している。そのどちらにしても、被疑者にとっては、共犯ともいえる関係である。

「警察につかまるのは悪人にきまっている。悪人については何を書いても構わない、とでもいうのだろうか。このような事件報道が、人を何人殺してきたか、と思う」

この指摘は、ほかならぬ新聞記者自身の自己批判として時代に先駆け、いまなお燦然と輝いている。

わたしの新聞記事にたいする批判は、なぜそれを書くのか、という主体が欠落していることにある。企業内ジャーナリストの日常業務、と自己揶揄するいい方を聞かないでもないが、歴史についてどう責任をとるのか、との自省が必要なのだ。疋田さんは、「言葉を扱う職業人としての記者の当然の責任」と書いている。職業意識は、名誉の意識でもあり、抵抗の矜持《きょうじ》でもある。警察の尻馬に乗ってコト足れり、では書き手の主体がない。あとで補償金を支払ったにせよ、いったん打撃をうけた報道被害者の人権は回復されない。それが冤罪事件をいくつか手がけてきたわたしの実感である。

面白い記事とはなにか、との考察で、疋田さんは、「頭のなかでこうなれば面白いと決めて事実を選別することで、かえって面白い事実の細部を見落としてしまい、話しをつまらなくしているのではないか」とその思い上がりの弊害を指摘している。時間に迫られている新聞記事とルポルタージュのちがいでもある。この本に収められているのは、疋田流ルポルタージュのエッセンスである。

他社との競争を勝つために拙速を尊ぶ、それが新聞の宿命といったにしても、欠陥商品であったなら、経営にとってのダメージのはずだ。製造者責任ばかりか、人権侵害がくわわる。職業意識と品質管理の徹底、あらたな記事の評価基準の設定、それは疋田さんの遺言でもある。

疋田さんは、歩く人でもあった。「革命までの七百三十歩」は、『罪と罰』の主人公、ラスコールニコフが、自分の下宿から金貸しの老婦のドアまで歩いた歩幅を追体験する。サンクトペテルブルグにあるドストエフスキーの家やその主人公たちのアパートを見学にいくものは多いが、「歩幅」にこだわるひとは珍しい。なんどもやり直した末、疋田さんは発見する。

ラスコールニコフは、長いコンパスでゆっくり歩いていった。それはロシア革命への道でもあった。

# 結びにかえて

ジャーナリスト（元朝日新聞記者）　柴田鉄治

疋田桂一郎さんが亡くなって五年の歳月が過ぎた。

本書をもっと早く出したかったのだが、いろいろな事情が重なって、遅くなってしまった。しかし、疋田さんの仕事は、時間がたったからといって、色褪せるものではない。読んでいただければ分かるように、本書に収めた初期の作品は、五〇年前の仕事なのに、いま読み返してみても全く新鮮さを失っていないのだから、少々遅れたことはお許しいただけるだろう。

いや、亡くなってから少し時間がたったことで、本書が、世間でよくある故人の追悼文集ではないことが一層明確になったと思うので、かえってよかったのかもしれない。

今回、疋田桂一郎記者の仕事をまとめて世に問おうとしたのは、いうまでもなく、疋田さんの仕事を通じて、新聞とは何か、新聞記者とはそもそもどういうものなのかを、多くの人たちに知ってもらいたいと考えたからだ。

同時に、多メディア時代を迎えて新聞の地盤沈下がいわれ、新聞には未来がないとまで囁かれているなかで、新聞の持つ力をあらためて見直し、まだまだ豊かな可能性を秘めたメディアであることを知ってもらいたいと思ったのである。

私は、疋田桂一郎さんほど優れた新聞記者はいないのではないか、と考えている。こんな言い方をしたら疋田さんに激しく叱られるだろうが「理想の新聞記者像」といっても過言ではないと思っているのだ。

疋田さんの書く記事の中身の濃さ、文章の素晴らしさ、視点の斬新さ、それらもさることながら、疋田さんの真にすごいところは、常に新聞のあり方を考え続け、新聞の将来を見据えて次々と新たな提案をし、自らそれを実践していったことである。

新聞が、インターネットなどの新しいメディアに足元を脅かされるようになるよりずっと前から、読者の信頼を少しずつ失ってきたことにいち早く気づき、警鐘を鳴らしつづけるとともに、新聞改革の必要性を叫び続けてきた人なのだ。

私が疋田さんと初めて会ったのは、私が朝日新聞社に入社して水戸支局に赴任した一九五九年の秋のことだった。疋田さんは、東海村の原子力研究所の取材に来て、私が地元の担当記者として案内役を務めたのである。

相手の言葉にじっと耳を傾ける、口数の少ない静かな人だな、というのが私の第一印象だった。この取材の途中で本社から緊急連絡が入り、疋田さんは急遽、名古屋へと向かって、やがて紙面に現れたのが「〝黒い津波〟の跡を歩いて」という記事だった。

この伊勢湾台風のルポ記事については、当時、現場で取材に当たっていた名古屋本社の記者から、のちにこんな話を聞いた。「いかに朝日のスター記者だといっても、台風から一週間もたったいまごろ取材にやってきて何が書けるか、とひそかに反発していた。ところが、記事を見て、自分たちの気づかなかった視点だとあらためて驚嘆した」

伊勢湾台風に続いて紙面に載ったルポ記事が、北穂高遭難の「何を語るか？　東大生らの遭難」である。社会面の三分の二を埋める驚くほど大きな記事だった。遭難者の一人に私の友人がいたため、特別の関心を持ってむさぼるように読んだが、そのときの衝撃をいまでも忘れられない。

それまで誰も指摘しなかった斬新な視点というだけでなく、あのもの静かでやさしい疋田さんのどこに、あのような鋭く研ぎ澄まされた非情なまでの感性が秘められていたのか、と驚いたのである。

そんな出会いがあってから七年後、私が疋田さんの率いる取材班、いわゆる疋田飯場に入ったのは、長期連載『自衛隊』の第二部、「兵器と産業・F104Jの記録」からだった。続いて『自衛隊第三部』、『NHK』、『NASA　米航空宇宙局』と、疋田飯場で疋田さんの厳しい指導を受けたのである。

『自衛隊』を始めるとき、こんなエピソードがあった。

当時、新聞には「菊」「鶴」「星」と三つのタブーがあるといわれていた。皇室、創価学会、自衛隊である。そのタブーの一つ、自衛隊に真正面から挑む長期連載をやりたいと疋田さんが社会部会で提案したとき、反対の声が上がった。

「あの悲惨な戦争体験から軍事問題にはまだ国民の拒絶反応がある。自衛隊への批判も強いなか、朝日新聞が自衛隊を真正面から取り上げたら、認知したと読者の反発をまねくのではないか」

それに対して、疋田さんはいつもの穏やかな声で、こう反論したのである。

「軍事には見たくも触れたくもない、という国民感情は大事にしなくてはならないが、目をつぶっていたら存在がなくなるわけではない。ここまで大きくなった実力集団に目をつぶっていたら新聞の使命は果たせないのではないか」

疋田さんが、疋田飯場で私たちに求めたのは徹底した取材だった。データ、データ、データである。どんなに小さなデータでも、欠けていたら鋭く指摘された。

取材の次は、文章である。原稿は何度も何度も突き返され、書き直しを命じられた。あるとき私が「ああ、もうダメだ。窓から飛び降りたくなった」と嘆くと、疋田さんは平然と「では、これから私は窓を背にして座りましょう」と言い、軽くいなされたことを思い出す。

『自衛隊』の連載が終わったとき、自衛隊賛成派の人たちからも、反対派の人たちからも、絶賛の声が寄せられたことには、私自身がびっくりした。賛成派の人は「よくぞここまで真の姿を紹介してくれた」というものであり、反対派の人たちは「よくぞここまで隠されていた実態を暴いてくれた」というのである。

反対派からの声のなかには「戦前だったら記者さんたちは銃殺でしょうね」というものすごいものまであったのだ。

こうした反響を見ていて、なるほど、意見が厳しく対立しているような問題でも、どちら側にも支持される報道のしかたがあるのだな、ということがよく分かった。連載『自衛隊』によって、「論ではなく緻密にデータを積み上げていく」新しい報道方式が開発されたとして、その後、朝日新聞社内では「自衛隊方式」という言葉が定着していったのである。

この『自衛隊』によって、三つのタブーのうち「星のタブー」はまったくなくなり、他の新聞やテレビも自衛隊について普通に報道するようになったことも、成果の一つに挙げてもいいだろう。

次の『NHK』も、報道機関が真正面から報道機関を取材するという点で、極めて珍しい企画だった。一種のタブーへの挑戦といっても過言ではない。疋田さんには、マスメディアの王座がやがて新聞からテレビに移っていくという予感が、そのころからすでにあったのかもしれない。

『NASA　米航空宇宙局』という連載記事も、人類が初めて地球以外の天体に立つという、文明史上の一大イベントを前に、全米を取材現場とする画期的な企画記事だった。私たちに社から与えられたテーマは、「アメリカはどのような技術革新によって、月着陸を実現させたのか、その全容を明らかにせよ」という欲張ったものだったのだ。

私たち取材チームは、ロケットや月着陸船の製造工場からその下請け、孫請けにまで全米各地を駆けずり回り、「月着陸は、これだという技術突破があって実現したものではない。強いて挙げれば、不良品が紛れ込まないようにチェックに次ぐチェックを繰り返す品質管理の技術によって実現したものだ」と報じたのである。

このときの取材で思い出すのは、取材を終えて取材班がニューヨークに集まり、執筆に取りかかった際、疋田さんが「ロケット打ち上げ基地のあの光景が思い出せない。もう一度見てくる」と、ニューヨークからフロリダ州ケープ・ケネディまで飛んでいったことである。

たったワンシーンのために、日本でいえば北海道から沖縄くらいまで往復したのだから、いささかあきれるような気持ちとともに「これぞ疋田取材の真髄だ」と深く感動したのである。『自衛隊』『ＮＨＫ』『ＮＡＳＡ』と続いた疋田飯場で、私は疋田さんから、新聞とは何か、新聞記者とはどういう仕事かを徹底的に叩き込まれた。同時に、これらの取材を通じて「欧米からの技術導入を核とした日本の産業界の実像」や「テレビ画像の裏側にあるもの」や「チェック・アンド・バランスによって健全さを保とうとするアメリカ社会の基本構造」などを学んだように思う。徹底した取材の先には別のものまで見えてくる、ということを疋田さんからあらためて教えられたのである。

疋田さんの「天声人語」については、疋田さんの次の次の「天声人語」筆者、辰濃和男さんに収録作品の選択と解説をお願いしたので私からは触れないが、ただ一点、筆者を代わるときのやめ方に、疋田さんらしさがのぞいていたと思うので、記してみたい。

疋田さんは、天声人語の筆者を約三年間、ほぼ一〇〇〇回書いたところで自ら交代を申し出た。まだ四〇代の働き盛り、しかも、極めて評価が高かったなかでの突然の交代だったのだ。

天声人語は朝日新聞の看板コラムで、これを書くのは新聞記者として最高の栄誉だとされており、一〇年以上も書き続けた筆者もいたのに、疋田さんは僅か三年。「もっと続けてほしい」という社内の声にも頑として耳をかさなかった。深代淳郎記者という優れた筆者があとに控えていたとはいえ、いかにも疋田さんらしいやめ方だったといえよう。

新聞のあり方や新聞改革についての疋田さんの提言は、数限りなくあるが、そのなかから二点に絞って記してみる。一つは、天声人語の筆者をやめてから取り組んだ「ある事件記事の間違い」というレポートである。これについては、鎌田慧さんが詳しく論評しているので、やや重なってしまうが、私からもひと言、付け加えたい。

このレポートは、疋田さんの数ある仕事のなかでも最も価値のあるものではないか、と思う。当時、朝日新聞の社内報に掲載されただけで、紙面には報じられなかったので、今回、本書のなかに全文を収録でき、多くの方々に読んでいただくことができただけでも本書を出版した価値があったと思うほどなのである。

三〇年以上も前の刑事事件の詳細な内容をいま再録することには多少のためらいもあるのだが、被告らの人格を貶めるものではなく、また、これは新聞の構造的な欠陥を指摘し、改善していくための検証レポートなのだから、お許しいただけるものと考えて、あえて全文を、一部名前を伏せただけで収録した。

当時はまだ、犯罪報道と人権の問題がそれほど関心を呼んでいなかった時で、そういう時代にこのようなレポートをまとめた疋田さんの慧眼には、あらためて舌を巻く思いである。しかも、社内報へのレポートだというのに、自ら志願して警察回りをやりなおし、それから検証レポートをまとめたのだから、脱帽としか言いようがない。

その数年後に、犯罪報道、事件報道のあり方が問題になり、「報道被害」という言葉まで生まれた。朝日新聞をはじめ各メディアでもその対応を迫られ、取材方法を改めたり、事件報道に関する新たなマニュアルを作ったりしたのである。「疋田レポート」はまさに時代の先取りだったのだ。

いま考えて残念に思うのは、当時の朝日新聞社の幹部が疋田レポートの重要性について認識が薄く、社内報で流しただけで具体的な改革に動き出さなかったことである。とはいえ、疋田レポートがなかったら、朝日新聞をはじめとする事件報道の改革はさらに遅れていただろうと考えれば、その価値を減ずるものでないことは言うまでもない。

新聞改革の提言として特筆すべきことのもう一点は、「わたしの言い分」欄の創設である。「少数意見を大事にしよう」という趣旨で、自らその実践の場として一ページの大型インタビュー記事を載せる欄をつくったのだ。

疋田さんが聞き手を務め、社会のなかで必ずしも多数派とはいえない、少数意見の持ち主に登場してもらって、その言い分をたっぷり語ってもらうという企画である。

この企画記事によって疋田さんは一九八〇年度の日本記者クラブ賞を受賞した。本書にはそのときの疋田さんの受賞あいさつしか収録されていないが、この受賞あいさつからだけでも、疋田さんが新聞についてどう考え、何が足りないと思っていたかが十分にうかがえる。そのころ、疋田さんは私によくこんなことを言っていた。「日本の社会は何かあると雪崩現象を起こし、一方向に流れやすい。新聞は、これに待ったをかけることが大事なのだ」

こうした新聞改革を一つひとつ積み重ねながら、疋田さんは、文字通り「筆一本」の生涯一記者を貫き通した。このことは、簡単そうに見えてそうではない。筆一本でと志を立ててやってきた人でも、新聞社内で少し頭角をあらわすとすぐ役職に就いたり、経営者への道を選んだりしがちなものなのである。

その点では、疋田さんは「管理職に就けるには惜しい大記者」だったという言い方もできようが、よく考えてみると、新聞について深い洞察力をもった疋田さんのような人が新聞社のリーダーになっていたら、どんなによかったかとあらためて思う昨今である。

それはともかく、疋田さんは最後まで筆一本で書き続けただけでなく、常に自らに厳しく、その潔癖さは驚くほどだった。晩年、疋田さんを含むグループの私的なスキー旅行について、ある月刊誌に「接待旅行だ」と書かれたことがあった。疋田さんは、それに激しく抗議して、二四〇ページに及ぶ反論書を自費出版したうえ、裁判も最高裁まで争って完全に勝訴したのである。

「何もそこまでやらなくとも」という多くの声のなか、疋田さんは自らに降りかかった『報道被害』と断乎闘うことによって、自らの潔癖さを示すと同時に、報道に携わる者の責任の重さを「自戒をこめて」問い続けたのだと思う。『ある事件記事の間違い』での問題提起から続く疋田さんの『報道被害』に対する深い憂慮の念を表わすエピソードであり、疋田さんは亡くなる直前、「報道被害に泣く人たちに救済の手を差しのべるような機関ができないものか。できたらその下働きをしたい」とまで語っていたのである。

すべての点で新聞記者の鑑ともいうべき人で、こんな新聞記者もいたのだと知っていただくだけでも嬉しく思う。

本書の編集にあたって、ご寄稿いただいた鎌田慧、辰濃和男、本多勝一氏をはじめ、多くの方々のご協力をいただいた。また、書籍編集部の岡恵里、柴野次郎氏にも大変お世話になった。厚くお礼申し上げる。

なお、本書に収録した記事のなかには、時代を経て現在の表記とは必ずしも一致しないものや言い換えが必要なものも含まれているが、時代を映す歴史的資料として、あえて原文のまま収録したことをおことわりしておく。

疋田桂一郎（ひきた・けいいちろう）
1924年、東京生まれ。新聞記者。1948—51年、時事新報社、1951—87年、朝日新聞社に在籍した。2002年死去。

朝日選書 833

新聞記者
疋田桂一郎とその仕事

2007年11月25日　第1刷発行
2008年2月5日　第2刷発行

編者　柴田鉄治・外岡秀俊

発行者　矢部万紀子

発行所　朝日新聞社
〒104-8011　東京都中央区築地5-3-2
電話・03（3545）0131（代）
編集・書籍編集部　販売・出版販売部
振替・00190-0-155414

印刷所　大日本印刷


ISBN978-4-02-259933-9
定価はカバーに表示してあります。